日本人だけが知らない

アメリカがオバマを選んだ本当の理由

オバマ草の根運動

明治大学政治経済学部教授
アメリカン大学客員研究員
海野 素央 著

同友館

はしがき

一九六三年八月二八日、エリック・クーパーは、両親に連れられてユニテリアン派の教会信者たちとバスに乗り、ニューヨーク州からワシントンDC（特別区）に向った。目的は、マーチン・ルーサー・キング牧師が先導するデモ行進に参加することだった。当時、一六歳の北部出身のエリックは、南部メリーランド州で不快な出来事に直面する。冷水器、レストラン、トイレに掲げられた「白人用」と「有色人種用」の標識であった。この出来事は、キング牧師の「私には夢がある」のスピーチとともに、記憶に鮮明に残っている。

エリックの母親は、ニューヨークにあるハンター高校を初めて卒業したアフリカ系アメリカ人である。その後、ハンター大学、コロンビア大学と進み、コロンビアで修士号を２つ取得した。その母親が、息子のエリックに語った高校時代の悲しい出来事を、彼は今も忘れられない。

「私の母も、黒人でしたが肌の色はかなり薄かったのです。クラスメートたちは、彼女を白人だと思い込んでいたそうです。そのぐらい色が薄かったのです。ある日、母はハーレムにあるレストランにクラスメートたちを招待したのです。ところが、彼女が黒人だと分かると、全員、クラスメートたちはレストランから出て行ったそうです」

エリックも母親の母校であるコロンビア大学へ進学し、教育学で博士号を取得した。現在は、教育問題を扱うある非営利団体の理事を務めている。そのエリックは、一月二〇日のオバマの大統領就任式を一目見ようと、ワシントンDCを訪問する。キング牧師のデモ行進に参加したエリックには、オバマの勝利の意味は、私たち日本人の理解を超えるところにあるのだろう。

その一方で、選挙後もオバマに厳しい目を向け続ける共和党支持者もいる。私の友人で長い間アメリカ農務省の弁護士を務めた共和党支持者（白人）は、次のように語った。

「オバマは、選挙で人種を利用してきた。九五％の黒人がオバマに投票をしている。彼等は適性で投票をしたのではなく、人種で投票をしたのだ。これは人種差別である」

この二人が、理解し合える日は近いのだろうか。

確かに、出口調査では白人の四三％がオバマに、五五％がマケインに投票をした。白人の四三%が人種を超えて投票をしているのに対し、アフリカ系アメリカ人（黒人）は、人種と一致した投票行動をとっている点が顕著に表れている。その意味では、人種の面で偏った票であったと言えなくもない。

しかし、オバマを支持し、戸別訪問や電話による支持要請や有権者登録の活動をしたオバマ草の根運動員たちは、白人、アフリカ系、ヒスパニック系（中南米出身者）、アジア系から構成されており、ここでは多文化融合が見られた。多文化チームにとって、目的の共有と意識が明確であればあるほど、異文化阻害要因は、著しく減じる。また、本書で登場するカイルやブリジットは年齢が若く、彼等はマイノリティのいる社会で育っており、人種に対して偏見が少ないことが観察によって得られた。このことも、多文化融合をしていた大きな要因であると思われる。

アフリカ系アメリカ人と言われながらも、多様性に富むハワイで生まれ、アイリッシュ系の母親と、彼女の両親（白人）である祖父母に育てられ、インドネシアで六歳から一〇歳まで生活をしたオバマ自身が、多文化混在型の社会奉祉活動家であり政治家であった。オバマ陣営の選挙戦略も、多文化化や多様性を活用した戦略であった。

本書は、筆者自身がオバマ草の根運動に参加し、有権者を対象に実施したヒアリング調査やそこで発生したエピソード、オバマ事務所で働く若いスタッフたちの話をベースにしている。大統領選挙の年、私が在外研究を取るに当たり、異文化コミュニケーションの視点から選挙を分析してみようという意図からであった。タイミングよくアフリカ系アメリカ人のバラク・オバマが大統領候補に名のり、選挙戦に加わった。私は、一九九二年ワシントンDCにいた。当時は、再選を目指すジョージ・H・W・ブッシュ大統領（共和党）とアーカンソー州のビル・クリントン知事、テキサス州の富豪家ロス・ペロー（無所属）による三つ巴の大統領選挙戦が繰り広げられていた。私は、ペローの草の根運動に参加した。残念ながら、ペローは途中で選挙戦を降り、また短期間を経て復帰するのだが、以前の勢いを取り戻すことができなかった。それにも関わらず、ペローは無所属の候補として一九％を獲得した。この時の経験から、選挙戦を文化が交錯する現場で観察するには、草の根運動に参加することがベストであるという認識を得た。いろいろな面で配慮するべき点もあったが、思いきってオバマの草の根運動に飛び込んだ。

本書は、アメリカ大統領選挙に関心のない人にも読めるように書いた。巻末にアメリカの大統領選挙の仕組みについて、図表にまとめてみたので参照してもらいたい。

本書には、アメリカの政治的に活動的な若者がいく人か登場する。私は、彼等と共に行動しながら、日本の若者たちに思いを馳せていた。現在の日本の若者たちは、一世代や二世代前の若者たちとは違ったグローバルなボランティア活動に参加する人々たちもいる。と同時に、すぐ足元の地域でコミュニティ活動をする若者たちがいる。彼等は、国の財産である。このような若者たちが、ブリジットやバオのように、日本の政治と関わり、自分たちの候補を政治に送ることになったら、それはそれで素晴らしいことであろう。この書は、そうした日本の若者に奉げられている。

最後に、ヒアリングに答えてくれたオバマ、ヒラリー、マケインの支持者の方々や全国党大会に出席した民主党および共和党の代議員、オバマ草の根運動員、多くのことを示唆してくれた方々並びに岩村信寿氏（同友館）に、心から感謝したい。

二〇〇九年一月吉日

海野素央

もくじ

第一章★オバマ草の根運動

ファイアード・アップ（熱くなっているのか）
レディ・トゥー・ゴー（発射準備完了）

若者の力

バージニア州フェアファックスにある中学校に集まったオバマ草の根運動員二五名と再選を狙う連邦下院議員ジム・モラン（民主党・バージニア州）を前にして、物おじせずに戸別訪問のやり方について説明を行う女子学生がいた。

「名簿に記載されている有権者が、民主党支持者か、共和党支持者か、無党派か尋ねてください。次に、オバマを強く支持しているのか、オバマに傾いているのか、決めかねているのか、マケインに傾いているのか、マケインを強く支持しているのか、聞き出してください。ワーナー（元バージニア州知事・上院議員候補）やモランについても、同じように、有権者から引き出してください。また、経済、雇用、教育、医療保険、環境、イラク、移民、妊娠人工中絶など、どの争点に関心があるのか、聞き出してください。最後に、皆さんのように、草の根運動に参加したいのか聞いてください。不在の場合は不在欄に、移転していた場合は、移転の欄にチェックの印を入れてください。マンションなど、警備上の問題で中に入れない場合は、アクセス不可能の欄に、チェックの印を入れてください。回答を拒否された場合は、回答拒否の欄にチェックの印を入れてください。名簿に記載されている有権者の住所は、奇数番号と偶数番号の住所に分かれていますので、どちらの番号から回るかを決めると効率よく戸別訪問ができます。パンフレットは、郵便ポストに入れると違法になります。モラン下院議員が問題になってしまいますから、有権者に直接渡すか、不在の場合は、ドアに挟んでください。訪問先の芝生に入ると怒られる場合がありますので、気をつけてください。質問はありますか」

ブリジット・ドネリー、一九歳。ニューヨーク市にあるバーナード・カレッジ（コロンビア大学の姉妹校）の一年生である。彼女はオバマ陣営に雇われている。地元のバージニア州に戻り、マクリーンにあるオバマ事務所のフィールド・コーディネーターとして選挙活動に参加している。

「私は、朝九時に事務所に行って午後一一時まで仕事をするの。午前三時まで働く日もあるのよ。世界を変えるために、オバマの選挙活動をやっているの」

私がブリジットに注意をし始めたのは、オバマ草の根運動に入って間もない六月の中旬だった。有権者の自宅を戸別訪問するために、バージニア州ヴィエナにあるオークトン高等学校に集合した時に、マクリーン事務所のエド・ガーウィンが私に話しかけてきた。

「僕の上司は、一九歳なんだ。彼女は、急にマクリーンの事務所に残ることになったので、今日はここに来れなくなってしまったんだ。代わりに僕が戸別訪問について説明するよ」

「エドは何歳なの」

私の問いに彼は笑いながら答えた。

「五三歳」

一九歳の上司、ブリジットについて強い印象を持ったのは、アジア系アメリカ人のオバマ支持者が、バージニア州ボールストンにある日本レストランでミーティングを行った時だった。ミーティングには、中国系、インドネシア系、フィリピン系、韓国系、ベトナム系のアメリカ人と日本人の私を含めた十数名が参加した。後に、オバマのバージニア州北部の拠点となるフォールズ・チャーチ事務所で、アジア系アメリカ人の票集めの役割を担うバオ・ニユエン（ベトナム系アメリカ人）とジョン・モンタノ（フィリピン系アメリカ人）が参加していた。

このミーティングの中で、ブリジットがバージニア州北部で開催された民主党の地区大会（第八地区）で、見事なスピーチをして、一九歳の若さで、「代議員」に選出されたことを知った時、私は絶句してしまった。ブリジットは、八月にコロラド州デンバーで開催される民主党全国大会にバージニア州の代表の一人として出席し、一票を投じる。彼女が所属している第八地区からは、五名の代議員が選出され、内一名が代理の代議員であるから、事実上、四名の内の一人ということになる。もちろん、彼女は、デンバーでオバマに投票する。

私の隣に座っていたバージニア州北部に住むアジア系アメリカ人のリーダーの一人であるローズ・チュー（中国系アメリカ人）という女性が、ブリジットについて触れながら次のように述べた。

「民主党は、一九歳の代議員を選ぶのだから、開かれた党なの」

私は、ブリジットのスピーチに非常に興味を持ち、原稿を入手した。その原稿には、オバマの選挙活動に参加してみて、彼女のこれまでの人生において想像すらできなかったことが現実に起きていると知ったことの興奮が描かれていた。オバマの支持者たちとニューヨークのマンハッタン島を「イエス・ウイ・キャン」（そうだ。我々にはできるんだ）「イエス・ウイ・キャン」「イエス・ウイ・キャン」と叫びながら、パレードをしたことなどが挙げられていた。「イエス・ウイ・キャン」は、オバマ支持者のスローガンであり、合言葉であり、アイデンティティでもあった。大学生活の一年目が終わり、二年目の第一学期である秋学期は、単位を取得しないで、オバマの選挙活動に集中することを決断し、大学の誓約書にサインをしたストーリーがスピーチの中に組込まれていた。

七月四日の独立記念日に、バージニア州フェアファックス郡のメイン通りとノース通りの交差点にある広い駐車場に、記念日を祝うパレードに参加する人たちが集まっていた。あまりもの人の多さに、どこにオバマとバージニア州の上院議員に立候補しているワーナー（民主党）の支持者たちがいるのか分からなかった。私のかぶっているオバマの野球帽や身につけているオバマ支持のバッジをみて、車の中から親指を立てて、「ＯＫ」や「グッド」のサインをする若い有権者がいた。おそらく大学生だろう。オバマは、若者層の心をつかんでいた。

「ここよ、ここ」

横断歩道の反対側で、携帯電話を振っている女性がいた。ブリジットだった。傍らに四〇歳代の女性が立っていた。

「マクリーンの事務所であなたを見かけたわ。私はブリジットの母親のサリーです」

サリーは、笑みを浮かべながら次にように語ってくれた。

「ブリジットは、春休みを全てペンシルバニア州での予備選挙に費やしたの。バーナード・カレッジで秋学期をとるか、オバマの選挙活動に参加するのか決断を迫られた時、私は、彼女にこう言ったの。『今回の大統領選挙は、アメリカにとって、歴史的な瞬間よ。選挙をやらない理由はないわ』」

母親と娘が一体となって、オバマを応援していた。

パレード開始の時間になった。吹奏楽団が先頭に立った。赤い髪のかつらをかぶり、赤と青の縦じまの服を着たピエロにふんして、星条旗をつけたピックアップ・トラックを運転してパレードに参加する人たちなど様々であった。しかし、共通のカラーは、星条旗の赤、青、白であった。特に、私の目を引いたのは、「ホワイトハウスをブルーハウスにしよう」と書いた大きな模型の家をピックアップ・トラックで引きづって、独立記念日のパレードに参加した民主党支持者である。青色は、民主党のシンボルカラーであった。

オバマ、ワーナーとその地区の連邦下院議員候補のコノリーの三人の候補者をピーアールするために、スタッフと草の根運動員を合わせて約一〇〇人が集まった。

「イエス・ウイ・キャン」「イエス・ウイ・キャン」「イエス・ウイ・キャン」

この言葉は、スローガンとしてパレードやデモで度々見られる言葉であったが、この選挙では実際に人々を鼓舞した。支持者たちは、オバマ陣営のスローガンを叫びながら、沿道にいる有権者に訴えた。私も、ワーナー候補のプラカードを両手で握り、上下に振りながら、合言葉を叫び、行進した。常に沿道からパレードを観てきた私には、初めての体験だった。しかも、海外でのパレードであった。

オバマと長期間にわたって予備選挙を戦ったヒラリー・クリントン上院議員（民主党・ニューヨーク州、執筆当時、国務長官候補、以下ヒラリー）も、演説の中でオバマ陣営のこのスローガンを使い、オバマ支持を表明した。「イエス・ウイ・キャン」は、有権者に覚えやすく、注意を引き、心をとらえ、しかも受け入れやすいスローガンでもあった。というのは、アメリカ人の価値観に一致しているからである。異文化環境で、文化的な背景の異なる人と効果的なコミュニケーションをとるには、相手文化が重視する価値観や精神、態度を理解することが鍵となる。相手文化と自文化における価値観のミスマッチや優先順位の相違が、コミュニケーションの効果性に影響を及ぼす。そこで、異文化コミュニケーション論の専門家たちは、価値観や精神、態度の研究を行ってきた。「できる」は、一般にアメリカ国民が好む精神であり態度であり、それに価値を置く。では、何が「できる」のか。

それが、この大統領選挙におけるオバマ陣営の核となったスローガンである「チェンジ（変革）」であった。では、そこには、何があるのか。「ホープ（希望）」であった。それらは、ストーリー性があり、連動し融合したメッセージであった。それだからこそ、メッセージにパワーが生まれた。

その変革と希望は、一九九二年の大統領選挙におけるクリントン陣営のスローガンでもあった。不況にあえいでいたアメリカ経済を復活させたクリントン大統領時代の夢を再現させるのに、有効なメッセージであった。そのマジックを知らない若者層には、変革と希望が新鮮であった。

この機会に、あまり日本では知られていないと思うので、オバマスタッフや草の根運動員が頻繁に使う合言葉とその由来についても紹介しておこう。

それは、「ファイアード・アップ（熱くなっているか）」「レディ・トゥー・ゴー（発射準備完了）」である。今でこそ、オバマの集会には何万人から何十万人という有権者が集まってくるが、予備選挙が始まった当初は、時間をかけて目的地の集会場に行っても、約二〇人の有権者しか集まっていない時もあった。サウスカロライナ州グリーンウッドの集会で、落胆した様子を浮かべているオバマに向って、エディス・チャイルズ（六〇歳）という小柄なアフリカ系アメリカ人の女性が、彼に指を突きつけて「ファイアード・アップ（熱くなっているの）」「アイム・レディ・トゥー・ゴー（私は、発射準備完了よ）」と言ったのである。

この言葉で、集会場の雰囲気ががらりと変わった。そこにいた人々が異口同音に、「ファイアード・アップ」「レディ・トゥー・ゴー」と叫び始めた。一気に熱い一体感が生まれた瞬間だった。その後、この二つの言葉が、オバマ陣営の合言葉になった。合言葉には「熱意」と「行動」が含まれていた。

「オバマ、ワーナー、コノリー」「オバマ、ワーナー、コノリー」「オバマ、ワーナー、コノリー」

オバマのスタッフや草の根運動員が、三人の候補者の名前を結び付けて、連呼した。三人は、「変革」と「希望」をもたらすことが「できる」候補者であるという意識を有権者に植え付け、セットで投票させるためである。ワーナーは、バージニア州では、抜群の人気と支持があり、オバマがバージニア州で勝利を収めるためには、彼のサポートは不可欠であった。そのワーナーもオバマの変革者のイメージを欲していた。二人は互いを必要としていた。そこで、オバマ陣営は、ワーナーに協力をしたのであった。

「ワーナーよ」

サリーが、私に語った。

炎天下、沿道の両側に並ぶ有権者と握手をするために、ワーナーは全力でジグザグに走っていた。片手にペットボトルとタオルと持ち、その後ろを、若いスタッフが、ワーナー支持のプラカードとシールを持って走り、それを求める有権者に配っていた。ワーナーが急に方向を変え、反対の沿道にいる有権者と握手をしようと走り始めた。ブリジット等、若いスタッフは、彼を追い、有権者にプラカードとシールを配った。突然、逆の方向にワーナーが走りはじめる。若いスタッフは、プラカードとシールを持って彼について来た。一〇分ぐらい経っただろうか。ワーナーの青いワイシャツの背は、汗で濃紺に変わっていた。緑色のズボンにも汗がまだらに濃緑の跡を作っていた。それでもワーナーは、走るスピードを落とさなかった。その後ろをプラカードとシールを持って走る若いスタッフたち。負けじと走る日本人（筆者）。その一団の脅威的なエネルギーから、変革をもたらせてくるという強い印象を沿道の有権者は抱いただろう。

パレードの終了後に、ワーナーは後ろからサポートをしてきた若いスタッフたちを呼んで、記念写真。すぐに、ジープ型の四駆車に乗り込み、次の会場へ向かった。

オバマ陣営は、ブリジットのようなオバマに魅了された若者層を雇い、五〇州で草の根運動を展開した。その結果、地上戦でマケイン陣営を圧倒した。

オバマのフォールズ・チャーチ事務所のトップは、カイル・リーアマン、二一歳である。ブリジットと同様、有給の選挙運動員である。ジョージワシントン大学の三年生で、現在、休学してオバマの選挙活動に参加している。父親のテリーは、多数派院内総務のステニー・ホイヤー下院議員（民主党・メリーランド州）の主席補佐官を務めている。メリーランド州ベセスダにあるオバマの事務所開きで、テリーは挨拶をし、息子が務めるフォールズ・チャーチの事務所にも、オバマのTシャツを着て姿を現した。
カイル自身もスタッフを連れて、マクリーンのタイソンズコーナー（東海岸でも有名なショッピングモール）の側にあるコンドミニアムに住む有権者を対象にヒアリングを行った。彼とスタッフたちが訪ねたコンドミニアムは、セキュリティの関係上、暗証番号を知らないと中には入れなかった。そこで、カイルは、スタッフとマンションの駐車場で待機し、コンドミニアムの住民が車に乗るのを見ると、すばやくアプローチをして声をかけた。

「こんにちは、カイルです。私は、オバマの選挙に参加している者です。あなたは、オバマの支持者ですか」

「そうだけど」

「私たちを建物の中に入れてくれませんか。変革が必要でしょ。私が言っている意味が分かりますか」

側で聞いていた私には、依頼する側としては、強引な言い方に思えたが、この住民は、車から降りてきて、暗証番号を押し、ドアを開け、スタッフの一人を建物の中に入れてくれた。

カイルを支えているのが、ベトナム系アメリカ人のバオである。バオは、ニューヨーク大学を卒業。二四歳。バオも有給のスタッフであり、オバマの選挙運動では、「フィールド・ディレクター」の肩書を持つ。バオは、バージニア州在住のアジア系アメリカ人と太平洋諸島出身者（パシフィック・アイランダー）を対象にした戸別訪問の責任者である。オバマ自身がハワイの出身者であり、少数派を含めた多様性を重視するというメッセージを「太平洋諸島出身者」に含めていた。

バオの両親は、旧南ベトナムからの移民であり、親の影響のためか、彼は人権や差別に関し、旧北ベトナムに対して否定的な感情を抱いている。バオによれば、バージニア州北部には、東海岸最大のベトナム人のコミュニティがあると言う。確かに、フォールズ・チャーチにあるイートン・ショッピングセンターには、ベトナムとアメリカの国旗が立てられ、ベトナムレストランやベトナム食材を売るマーケットが集まっている。アジア系アメリカ人と太平洋諸島出身者に焦点を当てたオバマの政策レポートが発表されたのも、このショッピングセンター内にあるベトナムレストランであった。

また、オバマのフォールズ・チャーチ事務所には、ベトナム語に翻訳されたオバマの政策が用意されてあった。ベトナムの国旗に、オバマの顔が印刷された選挙用のバッジやベトナム語で「希望」（ヒ・ボン）と書かれたバッジが作られ、ベトナム系アメリカ人の支持者に配られた。

ブリジットやカイル、バオのような若者層が、オバマの草の根運動員をリクルートし、部隊を編成し、指揮をとり、展開させていった。

「マケイン陣営は、何をやっているんだ。オバマの支持者たちが、私の家のドアを叩いているのに」

全米公共ラジオの番組で、マケイン支持者が焦りを示した。

秋のある週末、フォールズ・チャーチを戸別訪問していると、有権者の庭でパーティが行われていた。参加者が、オバマの野球帽をかぶり、地平線から太陽が昇る「O《オー》マーク」が印刷されたTシャツを着て戸別訪問をしている私を見ると、パーティに請じ入れてくれた。もちろん、彼等はオバマの支持者たちだったからである。

「マケインの支持者が、戸別訪問をしているのを見たことがないわ。私の家に来たら、オバマに投票するように説得するのに」

パーティに参加していたオバマ支持者のモチベーションは高かった。

一一月四日の投票前に実施されたギャラップの世論調査（一〇月二七−一一月二日）をみると、一八歳から二九歳の若者層のオバマに対する支持率は、六三％で、マケインの三三％を大きくリードしている。ワシントン・ポスト紙によれば、この年齢層は全体の有権者の一八％を占め、一一月四日の投票日の出口調査では、その内六六％がオバマに、三二％がマケインに投票をしている。

投票後に実施されたギャラップ世論調査（一一月九−一一日）によれば、一八歳から二九歳までの七五％の若者層が、大統領になるオバマの能力に自信を持っていると回答している。三〇歳から四九歳が六五％、五〇歳から六四歳が六一％、六五歳以上が六二％と比較すると、若者層のオバマに対する自信は、一〇ポイント以上も高い。

オバマの支持層は、非白人、特に、アフリカ系アメリカ人やヒスパニック系、一八歳から二九歳の若者層、大学院卒、女性、低所得者、教会に定期的に行かない層と未婚者である。大学院卒の白人に限ってみると、五六％がオバマを、三九％がマケインを支持しており、オバマは高学歴の白人の支持が強い（ギャラップ世論調査十月二七－一一月二日）。

一方、マケインは、六五歳以上の支持率が高い。この年齢層は、全体の一六％を占め、出口調査によると内五三％がマケインに、四五％がオバマに投票している。マケインの支持層は、白人、特に、白人のプロテスタント、六五歳以上の有権者、既婚者、定期的に教会に通う層で対照的である。

年齢に限ってみると、一八歳から二九歳までの若者層はオバマを、六五歳以上がマケインを支持した構図になった。若者層は必ずしも投票には行かず、不確実な層であった。それに対し、六五歳以上の有権者は、投票の面で確実性と信頼性があった。その点で、オバマが不利ではないかという見方があった。その一方で、世論調査は電話で行われ、対象となる有権者は携帯電話の使用者よりも固定電話の保持者が多いため、若者層の意見が反映されておらず、オバマが調査結果の数字よりもリードしているのではないかというも意見もあった。

「日本は、二〇歳にならないと投票ができないのね。アメリカは一八歳よ。日本でオバマが選挙をしたら、負けるわね」

ブリジットには、若者層がオバマを支えているという意識が強かった。しかし、ギャラップがアメリカとパートナーのアジア諸国を対象に実施した調査結果では、日本は六六％がオバマを、一五％がマケインを支持し、「分からない・拒否」が一八％になっている。オバマの圧勝である。

なぜ、若者層、特に大学生がオバマに魅かれるのか。オバマ自身の魅力もさることながら、オバマがアメリカの大学の高い授業料に悩む大学生を引き付ける政策を提案していることも大きな力となった。

ブリジットは、オバマの支持者の自宅に集まった草の根運動員を前に、次のように語っている。

「なぜ、オバマを支持するのか、有権者と語ってください。私は、学生がコミュニティ・サービスを一年間に一〇〇時間行うと、授業料の内、年間四千ドルが返金されるというオバマの政策を支持しています。だから私は、オバマを支持するのです」

右のオバマの教育政策では、四年間で一万六千ドルが返金されることになる。ブリジットのような私立大学に通う大学生はもちろん、州立の大学で勉強する大学生にも魅力的な政策である。バージニア州の公立の大学に通う学生は、四千ドルの返金によって、年間の約三分の二の授業料がカバーできる。

オバマは、二〇代の前半に、コミュニティ・オーガナイザーの職を選び、シカゴのサウスサイド（一般に貧困地区として知られる）の住民のニーズを把握するためのヒアリング調査を実施し、雇用訓練センターの設立の交渉を行った。元コミュニティ・オーガナイザーで、オバマ支持者であるアンディ・レイノルズによれば、コミュニティ・オーガナイザーは、非営利団体や教会に雇われるケースやボランティアとしてコミュニティ活動に参加する場合があり、職業の斡旋のみならずコミュニティのニーズに応じて、様々な仕事を行う。低所得者に対する住宅の開発、交通機関の改善、子供に対する家庭教師の確保、選挙における有権者登録の支援、フード・スタンプ（食券の無料配給券）や年金などの社会保障（ソーシャル・セキュリティ）を受けられる番号の獲得の補助などが含まれている。アンディは、一九六〇年代にノースカロライナ州でコミュニティ・オーガナイザーの仕事をした。コミュニティ・オーガナイザーの仕事は、社会を変革する草の根レベルの活動なのである。

アメリカでコミュニティ・オーガナイザーの父として知られるサウル・アリンスキーは、一九〇九年にシカゴで生まれている。両親は、ユダヤ系のロシア人移民であった。彼は、一九三〇年代にシカゴでコミュニティ・オーガナイザーの組織を作り、オーガナイザーを対象としたトレーニングを行った。オバマ陣営が集会を開く度に、「我々が信じている変革」と書かれた大きな看板を掲げるが、これはアリンスキーの思想を反映したものである。コミュニティ・オーガナイザーは、現在ある状態から人々が信じているあるべき状態になるように変革をもたらす役割を果たす。

オバマは、自伝の中で「変化は大きな組織が引き起こすものではなく、草の根の動きが引き起こすのだ。それが私のやろうとしていることだ。黒人のまとめ役になるんだ。草の根レベルで仕事をして、変化を引き起こすのだ」と当時を振り返り述べている。(注1)

オバマ陣営の看板は変革であり、それを引き起こそうと戦ったのは、組織化された草の根部隊だった。変革や草の根運動の発想は、即席に作られたものではない。オバマがコミュニティ・オーガナイザーの職を選択し、二五年も前から信じてきたものであり、それらが彼をアメリカ史上初のアフリカ系アメリカ人の大統領へ導く結果になった。

オバマは若者層に「国のためにつくすならば、オバマ政権はあなたに投資をする」と約束をしている。コミュニティ・サービスの実施と授業料の一部の返金を抱き合わせた政策は、ブリジットのような学生を引き付けた。事務所で開かれたオバマを支持するアジア系アメリカ人の集会で、カイルも、オバマをサポートする理由にこの政策を挙げている。

草の根運動

オバマ陣営は、草の根運動とインターネット戦略の融合により、地上戦と空中戦の双方を制した。

オバマの草の根運動には、戸別訪問、有権者登録、有権者に投票に出向くように促すＧＯＴＶ（Get Out The Vote）と呼ばれる活動、電話による支持要請がある。戸別訪問では、ターゲットになっている有権者を対象にヒアリング調査を行う。これは、ブリジットの説明にあった通りである。

オバマ陣営は、戸別訪問により、フェイス・トゥー・フェイスの対話をし、関心のある争点について傾聴をすることが、電話や郵便を使うよりも票を獲得する上で効果的であると考えている。民主党全国大会においてアジア系アメリカ人を対象に行われたシンポジウムでは、民主党全国委員会のスタッフが、エール大学のアラン・ガーバーとドナルド・グリーンの研究結果を用いて、戸別訪問の重要性を訴えた。この民主党のスタッフは、一票を獲得するのに、郵送では三八九件、電話による支持要請では四六〇件、戸別訪問では一四件のコンタクトが必要であると説明した。

戸別訪問のポイントは、白人の草の根運動員と他の人種の有権者との関係にある。これはどのような意味かというと、オバマがアフリカ系アメリカ人なので——実際は、半分は白人なのだが——白人の草の根運動員が、近隣のドアを叩き、同人種や他の人種と対話を通じて、オバマ支援を呼びかける。これは、アメリカ社会を支配し、リーダーシップをとってきた白人が、アフリカ系アメリカ人の大統領を受け入れるというメッセージを同人種や他の人種に送るという意味で、極めて重要なことなのである。

戸別訪問の種類には、一般と特定の二種があった。一般の戸別訪問とは、草の根運動員が、白人や他の人種を含めた有権者を対象に戸別訪問をする。一方、特定の戸別訪問では、特定の人種・民族のオバマ草の根運動員が、同人種・民族の有権者のみを戸別訪問する。例えば、アジア系アメリカ人のオバマ草の根運動員が、アジア系の有権者を、ヒスパニック系アメリカ人のオバマ草の根運動員が、ヒスパニック系の有権者を訪問する。特定の戸別訪問に力を入れたのは、投票一か月前の一〇月からであった。それまでは、一般の戸別訪問を行い、オバマ受け入れの土壌をならしたのであった。

次に、有権者登録の活動である。アメリカでは、投票の資格のある有権者は、自発的に登録をしないと投票ができない。バージニア州の有権者登録用紙をみると、登録できる条件として、アメリカ市民であること、バージニア州に住んでいること、選挙までに一八歳になっていること、復権をしていることなどが条件として挙がっている。登録の方法は、登録用紙に記入して選挙登録事務所に郵送するか、州政府の自動車局（DMV）で登録をする。

アメリカでは自動車免許の取得または書き換えの際、自動的に有権者登録することができる。有権者の登録を増加させるために、このアイデアを出したのは、コネチカット州スタンフォード在住のマリアン・ポラックである。彼女は、民主党支持者でクリントン政権に近い存在であり、コロラド州で開かれるアスペン会議に出席した。余談になるが、私がポラックに会った時、彼女は自宅の庭の手入れをしていた。ポラックによれば、定年退職をした夫は、日本のあるガラスメーカーのコンサルタントをしたことがあると言う。日本に親しみをもっている様子で接してくれた。

オバマ陣営は、五〇州で草の根部隊を活用し、二〇〇四年の大統領選挙と比べ、民主党の登録者数を激増させている。オバマ陣営は、「五〇州の戦略」を採用した。これまでの民主党の選挙戦略は、共和党が支配的な州では、資金や人を積極的に投資してこなかった。後に、オバマの主席補佐官となったラーム・エマニュエルは、「五〇州の戦略」を浪費だとみていた。エマニュエルによる判断に相違して、この戦略は巧を奏した。

激戦州の登録者数をみると、一〇月二八日の時点で、二〇〇四年と比べ、コロラド州では一〇万九、六一八人、フロリダ州では三九万九、七〇〇人、ネバダ州では一九万五、一八七人、ノースカロライナ州では二四万五、〇六〇人、ペンシルバニア州では四九万一、三三一人を増加させた。一方、共和党の登録者数は、同じ二〇〇四年との比較で、コロラド州では五万五、二五〇人、ペンシルバニア州では一六万二、八三五人が減少した。フロリダ州では一〇万九、八〇九人、ネバダ州では七万九、一三九人、ノースカロライナ州では七万四、七五六人の増加になっていた。いずれの州においてもオバマ陣営が勝っていた。

バージニア州の登録の締め切りは一〇月六日であった。同州では二〇〇四年の大統領選挙で四五一万七、九八〇人、今年（二〇〇八年）の大統領選挙で四八九万三九三人の有権者が登録を行い、約四〇万人の増加をみた。しかし、同州は、上で取り上げた激戦州とは異なり、有権者はどの党を支持しているのか宣言をしないで登録を行う。従って、約四〇万人がどの候補に投票するかを推測することになる。

その指標の一つとなるのが、どの市や郡に住んでいる有権者が新しく登録を行ったかである。九月に新しく登録をした約一〇万六、〇〇〇人の有権者のうち、約三万人は、二〇〇四年の大統領選挙でケリー候補（民主党）を支持した市や郡に集中していた。バージニア州北部のフェアファックスでは約一、一〇〇人、アーリントンでは約四、五〇〇人、アレキサンドリアでは約二、五〇〇人、州都のリッチモンドでは約五千人以上、ノーフォークとニューポートニューズでは約三、五〇〇人が、新たに登録をしている。これらの市や郡はオバマの支持基盤であり、オバマ陣営は支持基盤で登録者数を伸ばした。実際、その効果は一一月四日の投票に出た。例えば、二〇〇四年にケリー候補はアーリントンで約六八％をとったが、オバマはそれをさらに約七二％まで伸ばしている。また、フェアファックスにおいても、ケリー候補は約五三％を獲得したが、オバマはそれを約六〇％に拡大した。選挙前、オバマ陣営は、バージニア州の八〇％の新たな登録者は、オバマに投票するだろうと予測した。草の根運動員は、地下鉄の駅やショッピング街や大型のスーパーの入り口などで、オバマを支持する有権者に登録を促した。このような有権者登録の活動が全州で展開された結果、二〇〇四年と比較し、全体で民主党は、一三〇万人の増加、共和党は七〇万人の減少になっている。

この節の冒頭に示したが、ＧＯＴＶは、有権者に投票に行くように働きかける活動である。もちろん、オバマ支持者の有権者に促すのである。一一月三日、投票日の前日、オバマ草の根運動員は、これまでの選挙で民主党に投票をしているが、毎回、必ず投票に出かける訳ではない、いわゆる「気まぐれな有権者」の自宅のドアの取手に「一一月四日の火曜日にオバマとワーナーに投票しよう。投票場は、午前六時から午後七時までオープン。変革に投票しよう」と書かれたパンフレットを掛けた。ドアの取手にかかるように、丸い穴が開けてあった。私は、午前中にこのパンフレットとバージニア州北部のマクリーンの「気まぐれな有権者」リストを持って回った。バオは、「ヒアリングをしなくてもいいから、二〇〇件は回れるだろう」と楽観的なことを言っていたが、意外とドアの取手に掛けにくく、時間がかかった。

投票日の一一月四日は、「気まぐれな有権者」のドアを叩き、投票に出かけたか否かを確認した。私が戸別訪問をした有権者の中には、車が必要な有権者はいなかったが、そのような必要がある有権者には、オバマ陣営は車を手配している。不在の場合は、「今日は投票日。オバマとワーナーに投票しよう。投票は、午前六時から午後七時まで。変革に投票しよう」と書かれたパンフレットをドアの取手に掛けた。このパンフレットには、投票場の場所を印刷したシールが貼られてあった。私は、前日のマクリーンに加え、オバマのフェアファックス事務所から車で二，三分走ったところにある地域を回った。この地域には、エチオピアからの移民が多く住んでいた。

これらに加え、草の根運動には、電話による支持要請があった。オバマのフォールズ・チャーチ事務所には、約二〇機の電話機が並び、草の根運動員が一つの電話機も空けることなく有権者に支援を訴える。同事務所には、アジア系アメリカ人の票を獲得するためにアジア系アメリカ人から構成されたチームがある。そのメンバーの一人である韓国系アメリカ人のエスター・オウからベトナム系アメリカ人の有権者のリスト表を渡され、電話を通じて支援を訴えたことがある。私の真正面では、ヒスパニック系のオバマ草の根運動員が、ヒスパニック系の有権者にスペイン語で支援を訴えていた。

オバマ支持者で、現在ベルリンに在住のケビン・ブーカーは、アメリカで初のアフリカ系アメリカ人の知事になったダグラス・ワイルダー（バージニア州）の選挙活動に参加し、電話により支持を要請した時の経験を語ってくれたことがある。今回の選挙では、オバマがアフリカ系アメリカ人であるため、ブラッドリー効果があるのではないかと懸念された。ブラッドリー効果とは、一九八二年のカリフォルニア州知事選に立候補したアフリカ系アメリカ人のトム・ブラッドリー（民主党）が、最終の世論調査で白人のジョージ・デュークメジアンをリードしていたのにも関わらず、僅差で敗れたことに由来する。出口調査の結果に基づいて、サンフランシスコ・クロニカル紙は、見出しでブラッドリーの勝利を予測していた。しかし、選挙後の調査で、世論調査が選挙前に予測したよりも、アフリカ系アメリカ人のブラッドリー候補は、白人票を獲得できていなかったことが判明した。デュークメジアンの選挙参謀のビル・ロバーツは、白人の有権者が人種差別を隠すために、調査に対して正確ではない回答をしていると指摘した。その結果、実際に白人が白人候補に投じた票数は、世論調査の結果を約五％上回ると彼は述べた。つまり、白人と非白人の候補が競った場合、世論調査と実際の結果に、不一致が観察できるというのである。

同様の効果が、一九八九年のバージニア州の知事選でも見られた。アフリカ系アメリカ人のワイルダー（民主党）と白人のマーシャル・コールマン（共和党）が競ったこの知事選では、投票前の世論調査では、平均してワイルダーが九％のリードを保っていた。しかし、選挙結果は、〇・五％以下の僅差で、ワイルダーが勝利した。選挙後の調査で、白人の有権者が、世論調査員にワイルダーに投票をすると告げておきながら、実際はコールマンに投票をしていたことが分かった。そこで、ブラッドリー効果は、別名ワイルダー効果と呼ばれるようになった。ブーカーはこの知事選挙に参加したのである。

「当時、私は、白人に私が黒人だと分からないように、声を変えて電話をかけて、ワイルダーの支援を訴えました。ABCニュースのキャスターだったピーター・ジェニングスのように、アクセントに気をつけて、中西部の出身者の声の真似をして、白人の有権者と電話で会話をしたものです」

ブーカーは、人種に敏感に対応して電話による支持要請を行ったのであった。ブラッドリー効果については、再度、第二章で述べてみる。

インターネット戦略と草の根運動の融合

　こうした草の根運動員は、自ら拠点の選挙事務所に赴いたり、電話による協力によって申し出たりするという従来のパターンの他に、インターネットを通じても集まってきた。オバマ陣営は、リクルートにインターネットを活用した（図表1）。支持者に郵便番号《ジップコード》を入力させ、近隣で開かれるイベントや集会の情報を与え、集まった支持者を運動員として勧誘した。さらに、オバマ陣営は、空中戦において、テクノロジーを駆使して、若者層のモチベーションを高め、維持していったのである。

　オバマ陣営は、インターネットを通じて小口の献金を求めた。その額は、五ドルからである。これを「五ドルのマジック」と私は呼んでいる。ある調査によれば、スターバックスでコーヒーを飲む顧客の四二％がオバマを、三九％がマケインを支持している。スターバックスでコーヒーを飲む感覚で、若者は、インターネットを通じて、五ドルの政治献金ができた。献金により参加意識が芽生えた。五ドルで政治プロセスのプレーヤーになることができるのである。

　その一方で、若者の中には、五ドルの献金をしないために、罪悪感を持つ者もいた。そのような若者は、罪悪感を取り除くために、結局、小口の献金をすることになった。個人献金

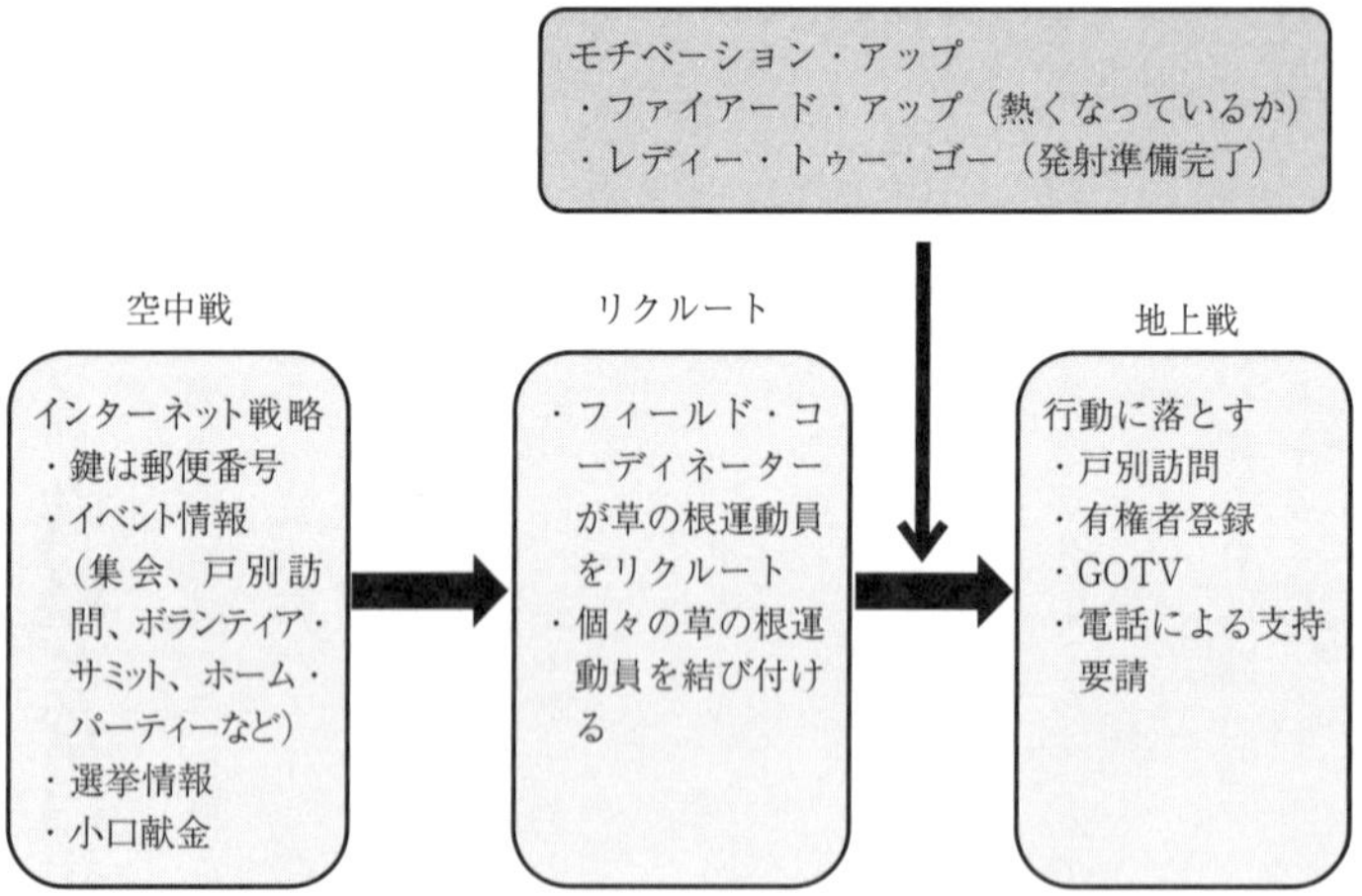
モチベーション・アップ
・ファイアード・アップ（熱くなっているか）
・レディー・トゥー・ゴー（発射準備完了）
空中戦
インターネット戦略
・鍵は郵便番号
・イベント情報（集会、戸別訪問、ボランティア・サミット、ホーム・パーティーなど）
・選挙情報
・小口献金
リクルート
・フィールド・コーディネーターが草の根運動員をリクルート
・個々の草の根運動員を結び付ける
地上戦
行動に落とす
・戸別訪問
・有権者登録
・GOTV
・電話による支持要請

図表1　草の根運動とインターネット戦略の融合

の上限は、二三〇〇ドルであるので、その額まで何度も小口の献金が可能であった。心理学的視点からみると、小口の献金を複数回する若者は、選挙にコミットメントをするように導きかれていく。小口の複数回の献金は、若者層のモチベーションの維持にもつながった。

結局、オバマ陣営は、七億五〇〇〇万ドルの選挙資金を集めた。この額は、民主党と共和党の全国委員会が集めた資金を合わせた額を上回っていると言われている。一〇月一六日から一一月二四日までに、一億四〇〇万ドルの資金を集めた。選挙が終わった後も、資金が集まっているのである。オバマ陣営は、三〇〇〇万ドルを手元に残している。

しかし、こうしたオバマ陣営の新しい「小口献金モデル」は、献金者数に焦点を当てた戦略でもあった。もう一歩突っ込んで言えば、献金者数とは票である。法律で定められた個人献金の最高額である二三〇〇ドルを献金する一人の支持者よりも、五ドルの献金をする四六〇人の若者の票の獲得を目指したのである。同じ二三〇〇ドルの献金を集めたとしても、票にすれば四六〇対一になるからである。若者層を含めた三一〇万人が、オバマ陣営に献金をしたと言われている。

オバマ陣営は、この小口献金モデルに「期限」と「報賞」をつけて「五ドルのマジック」のパワーアップを図っている。たとえば、オバマ支持者には、次のようなメールが配信されている。

> 七月三一日の深夜一二時までに献金し、もし好運であれば、次の報賞を得られる。
>
> ・オバマの大統領受諾演説が行なわれる大会最終日のチケット
> ・往復の航空券
> ・その間のホテル代
> ・舞台裏でオバマとの面会

「あと二週間。早く申し込まなくては」。五ドルの献金で、これだけの報賞がつけば支持者の気持ちも動く。

オバマの小口献金の戦略に押され、ヒラリーの資金集めにも変化がみえた。大口の献金に焦点を当ててきたヒラリーは、民主党の予備選挙で敗れた後、このオバマ陣営の新しい小口献金モデルを取り入れている。選挙の結果、ヒラリーは、債務を負うことになった。

七月三一日、ヒラリーの支持者のルース・リッシェンに、夫のビル・クリントン元大統領の名前で、ヒラリーとの夕食のメールが入った。「選挙期間中は、ヒラリーと私は各州を回り、支持者の皆さんと食事ができる機会がありませんでした。しかし、選挙が終わり、皆さんとこれから食事ができます。私がこれまで一緒に食事をした人物の中で、最も楽しかった人物は、ヒラリーです。ヒラリーと一緒に夕食をするチャンスがあります。今日、五ドルの献金をしてくれれば、ヒラリーの借金の返済の手助けになります。あなたとあなたのゲストが、ヒラリーと一緒に食事をすることができるかもしれない。もし好運なら、あなたにとって、楽しくて忘れられない夜になるでしょう」という内容だった。五ドルの小口献金と、今日という「期限」にヒラリーとの夕食という「報賞」が付いているのである。オバマ陣営とヒラリー陣営の献金戦略については、重要な部分なので後でもう一度述べることにする。

オバマ陣営は、テクノロジーを用いて、支持者、特に若者層のモチベーションを向上させ維持していくための効果的な戦略を打っている。オバマは、副大統領候補を決めたら、支持者にいち早く知らせると約束をした。八月二三日、午前三時（東部時間）に携帯番号を登録したオバマ支持者に、テキストメッセージが入った。「オバマがバイデン上院議員を私たちの副大統領候補に選んだ。オバマ―バイデンの集会を、午後三時（東部時間）から www.BarackObama.com で見よう」

朝起きると、登録をした支持者は、オバマ陣営からエキサイティングなメッセージが入っているのに気づく。彼等は、オバマが身近な存在に感じられ、個人的なコンタクトができていると思うのである。

今回の選挙では、オバマとマケインの支持者に、情熱の差があると言われてきた。その背景には、オバマ陣営が、支持者の核をなす若者層のモチベーションの向上と維持に力をいれてきたことがあった。私の周りにも、高いモチベーションを持って働いている若者がいた。それが、ブリジットであり、カイルであり、バオであった。

変革の集票マシーン

オバマ陣営は、二〇〇四年の大統領選挙に出馬したハワード・ディーンのインターネット戦略に着目し、それを研究し、社会的ネットワーク作りとビデオツールの機能を加え、集票力をアップさせた。社会的ネットワーク作りの目的は、オバマの支持者を結び付け、組織化することによりパワーアップを図ることである。オバマ陣営は、支持者の名前、メールアドレス、電話番号、郵便番号をデータベース化しており、支持者の自宅から二マイル、五マイル、一〇マイルなど五〇マイルぐらいまでの距離の中で行われる各種のイベントについて情報をメールで送る。それらの活動には、上で説明した戸別訪問、有権者登録の活動、投票に出かけるように促進する活動（GOTV）、電話による支持要請や政策綱領作成のミーティング、支持者の自宅での情報交換のミーティングからオバマの誕生会、小口献金を目的としたカラオケパーティなどがある。これらの情報を受信した支持者は、必ず最低一名の友人や知人に同じメールを、コメントをつけて送るシステムになっており、ネットワーク作りが行われる仕組みになっている。コメントを付けることによって、コミュニケーションが促進され、より確かなネットワークが作られるのである。コメントをつける時間のない支持者には、オバマ陣営がコメント欄に、コメントの雛型を用意してくれてあった。また、オバマ支持者は、「私のバラク・オバマ」などのサイトにアクセスし登録を行い、情報を交換し、ネットワーク作りを進めていった。ネットを通じて、遠隔地にいる支持者たちは、「バーチャル・キャンペーン」を行っていたのである。

ビデオのツールの活用も大きな武器になっていた。オバマ陣営は、オバマの演説を支持者に配信し、ネット上で聞くことができるようにした。また、支持者は、原則として友人や知人にオバマの演説を転送することになっており、ここでもネットワークができていく仕組みになっている。このようなオンラインを活用したインターネット戦略をオバマ陣営は、アイオワ州とニューハンプシャー州の予備選挙で実験をし、手ごたえを得た。それは、一一月四日の投票まで極めて重要な選挙戦略となっていった。

オバマ本部には、オンラインのコミュニティを作る「オンライン・コミュニティ・オーガナイザー」がいる。その役割を果たしたのは、選挙マネジャーのデイビッド・プラウフである。大統領選挙後もプラウフからパソコンに、選挙前と同様にネットワーク作りのメールが入る。たとえば、それには、オバマの支持者に自宅を開放してくれないかという内容のメールであった。オバマが選挙に勝ち、これからどのような変革をもたらすことができるのか、ホストとなる支持者の自宅でミーティングを開こうという趣旨のメールである。これまでもこのような支持者の自宅でのミーティングを開く選挙戦略は、「五〇州」で実施されてきた。

このように、オバマ陣営はオンラインで得た支持者を、ウェブ上からフェイス・トゥー・フェイスのレベルに落とし、コミュニティで活動をする実行部隊に変えている。それが、草の根部隊であった。オバマの選挙参謀のディビッド・アクセルロッドは、自発的で自律性のある草の根運動員をどのようにしてまとめるかが自分の仕事であると述べている。オバマ陣営は、新しい選挙モデル——ボトムアップの選挙戦略を導入した。これまでの古典的なトップダウンの選挙戦略モデルの転換である。言いかえれば、それは選挙戦略におけるパラダイム・シフトであり、変革であった。

オバマ陣営が展開したボトムアップの選挙戦略は、オバマの原点となっているコミュニティ・オーガナイザーの発想に基づいている（図表2）。選挙戦略においても下からの目線で臨み、中央集権的な体制を弱め、有権者の自発性と自律性を尊重する。自由な参加は、草の根運動には不可欠である。選挙スタッフは、「コミュニティ・オーガナイザー」的な役割を果たし、草の根運動員のコーディネーターに徹する。選挙活動は、アウトサイダーである草の根運動員が中心になる。ボトムアップの選挙戦略には、有権者の参加意識やコミットメントが求められる。つまり、小口の献金が適しているのである。小口献金による金額が話題になりそれに目が行くが、実は「付加価値」がついていることを見逃してはならない。その付加価値とは、「人」であり、「数」であり、「票」でもある。オバマ陣営は、小口献金により

ボトムアップの戦略	トップダウンの戦略
・目線が下	・目線が上
・自発的	・人工的
・自律的	・命令
・自由参加	・コントロール
・アウトサイダー（草の根運動員）	・インサイダー（スタッフ中心）
・小口献金	・大口献金
・ミクロターゲット	・マクロターゲット

図表２　ボトムアップ対トップダウンの選挙戦略

「票」と支持者のコミットメントを獲得していったのである。

オバマ陣営は、このボトムアップのモデルに、変革のメッセージを乗せ、「変革の集票マシーン」をフルに回転させていったのである。そのマシーンは、アフリカ系アメリカ人のみならず、白人、ヒスパニック、アジア系アメリカ人を対象に回転し、人種を超えて「多様性の集票マシーン」に変わり、ワシントンを変革することに希望をもつ有権者に対しては、「希望の集票マシーン」へと進化していったのである。

一方、古典的でトップダウンの選挙戦略では、上からの目線で選挙戦略に臨み、政治コンサルタントが前面に登場し、本部によって雇われたスタッフと共に、選挙活動に参加する有権者を厳しくコントロールしていく。常にインサイダーであるコンサルタントとスタッフが中心である。献金は大口を狙う。ヒラリー陣営の選挙戦略は、中央集権的なトップダウンであった。

また、二〇〇四年の民主党予備選挙におけるハワード・ディーン陣営は、草の根運動員を自由放任にし、今回のヒラリー陣営は、逆に中央集権的でコントロールが厳しかったと言われている。オバマ陣営は、草の根運動員の自発性や自律性を尊重しながら、モチベーションの向上と維持に焦点を当てた。また、草の根運動員を含めたオバマ支持者やマケイン支持者から争点、関心、アイデアを吸い上げていくというボトムアップの選挙戦略をとってきた。もちろん、草の根運動員を組織化し、ある程度のコントロールをしてきたことは事実であるが、ヒラリー陣営とは戦略が異なっていた。

私の経験からいっても、オバマ陣営の草の根運動員に対する上からの命令やコントロールは緩かった。しかし、ブリジットなどのフィールド・コーディネーターは、共通した質問事項のリストを持っていた。インターネットを通じて集めた支持者に対して、「あなたは何ができますか」「戸別訪問ですか、有権者登録ですか、電話による支持要請ですか」「事務所で働いているボランティに食べ物を持ってきてくれますか」「庭にオバマの看板を立ててくれますか」などの質問があった。フィールド・コーディネーターが配布する用紙に、名前、電話番号、メールのアドレス、郵便番号を書き、選挙に貢献できる項目にチェックマークをつけた。住所は問わず、郵便番号を記入することになっていた。前で述べたように、郵便番号により、支持者を分類し、イベントや集会の情報を送るからである。オバマ事務所から電話が入るが、都合がつかなく戸別訪問や有権者登録に参加できなくても、特に不都合はない。

さらに、オバマ陣営とヒラリー陣営の選挙戦略の相違について述べておこう。

政治レポーターのティム・ディキンソンは、予備選挙におけるオバマの選挙戦略を分析し、その特徴として、若者層と党員集会（コーカス）に焦点を当てたこと並びにフィールド・コーディネーターを教育したことを挙げている。彼によれば、これまでの民主党候補は、予備選挙では若者層の票の獲得を目的とした部署を置かず、本選挙に入ってからお飾り的に設けていたというのだ。前で述べたように、若者層は高齢者と比較し、投票に行く確率が低く、信頼がない不安定な層であるからである。

しかし、オバマ陣営は、この選挙常識を破った戦略を予備選挙から展開する。若者層の票を狙った部署を設置し、ディレクターと二人の副ディレクターを置いた。しかも、五〇州すべてにスタッフも置いた。彼等は、「同じ若者がイベントに参加するようでは選挙に負ける。多くの若者を参加させ、若者の連合をつくるのだ」というミッション（使命）を掲げ、若者層の票の獲得に力を注いだ。それは、ヒラリー陣営の盲点を突いた戦略であった。

さらに、ディキンソンによれば、オバマ陣営は、ヒラリー陣営の選挙戦略の弱点を発見した。それは、党員集会が開かれる州で、ヒラリー陣営は草の根の組織を持っていないことであった。オバマ陣営は、シカゴに七千人のフィールド・オーガナイザーを集め、四日間のセミナーを開き、教育を行った。交通費は全て自費であったが、フィールド・オーガナイザーには、報酬が付いていた。その報酬とは、議師の一人であるマイク・クルーグリックから、草の根運動員を組織するスキルを学ぶことができることである。彼は、二五年前に、新人のコミュニティ・オーガナイザーをトレーニングした人物である。新人のコミュニティ・オーガナイザーの名前は――バラク・オバマであった。

オバマ陣営は、ディーン陣営のインターネット戦略を進化させ、草の根運動と結び付けていたった。言い換えれば、空中戦と地上戦が効果的に融合した戦略だったのである。さらに、戸別訪問においてヒアリング調査を実施し、有権者から争点に関する関心事を聞き出した。選挙後は、草の根運動員から、争点やアイデアを引き出している。それらは、地域住民に対し、ニーズや関心事を聞き出すコミュニティ・オーガナイザーの手法と類似している。オバマ陣営は、その手法を選挙戦に応用したのである。オバマは、既存のシステムや手法を改善し、選挙戦に適応していったのである。

激戦州――バージニア州

一九六四年以来、バージニア州は、「赤色の州（レッド・ステート）」と呼ばれ、大統領選挙では、共和党が勝利を収めてきた。赤色は共和党のシンボルカラーである。二〇〇四年の大統領選挙では、ブッシュ大統領が、民主党のケリー候補に、五四％対四五％で勝ち、一三の選挙人を獲得した。しかし、バージニア州に異変が起きた。二〇〇五年の知事選挙で、民主党のティム・ケインが勝ち、二〇〇六年の上院議員選挙では、同党のジム・ウェブが共和党の現職議員ジョージ・アレンを破り勝利した。青色は、民主党のシンボルカラーであり、共和党の赤色と混ぜると紫色になることから、今回の大統領選挙では、バージニア州は、「紫色の州（パープル・ステート）」と呼ばれるようになった。赤色でも青色でもない州という意味で、激戦州をさす。バージニア州は、コロラド州、フロリダ州、インディアナ州、アイオワ州、ミシガン州、ミネソタ州、ミズーリ州、ノースカロライナ州、ニューハンプシャー州、ニューメキシコ州、ネバダ州、オハイオ州、ペンシルバニア州、ウィスコンシン州と共に、激戦州の一つとなったのである。中でもバージニア州は、激戦州の中の重点州になっていた。

人事面では、民主党の予備選挙でヒラリーの出鼻を挫いたアイオワ州党員集会のディレクターを務めたミッチ・スチュワートを、本選挙でバージニア州のディレクターに起用した。スチュワートは、アイオワ州の党員集会後、ネバダ州、ミネソタ州での予備選挙に参加し、テキサス州ではフィールド・ディレクターを、インディアナ州ではディレクターを務めた。ディレクターは、各州のオバマ選挙のトップで、その下に政治ディレクター、フィールド・ディレクター、コミュニケーション・ディレクター、報道官、ＧＯＴＶディレクターがいる。カイルが、草の根運動員を集め、スチュワートについて簡単に説明し、バージニア州のディレクターになることを運動員に伝えると、拍手が起こった。この人事は、オバマが、激戦州の中でもバージニア州を重視していたことを示している。

事務所の数にも、オバマ陣営のバージニア重視が現われている。七月一六日、オバマ陣営は、バージニア州に二〇の事務所を開くと発表した。そして、発表通りマクリーン、フェアファックス、南フェアファックスクス、セントレビレ、スプリング・フィールドと次々と事務所が開設された。民主党全国大会開催の二日前に、フォールズ・チャーチ事務所を開き、ここをバージニア州北部の拠点とした。

一方、マケイン陣営は、全国の選挙本部をバーニジア州アーリントンに置いているものの、同州内には、七月一六日時点で事務所は四ヵ所、同月下旬に一ヵ所の事務所を開き、合計五ヵ所に過ぎなかった。

その後も、両陣営は、バージニア州内に事務所を設置していった。特に、マケイン陣営は、ミシガン州撤退後、バージニア州を死守するため事務所を増設した。結局、オバマはバージニア州に七一、マケインは二〇の事務所を構えた。因みに、アメリカン大学で行政学を研究しているジェームズ・サーバーによれば、オバマ陣営とマケイン陣営の事務所の数は、オハイオ州が八一対五二、ペンシルバニア州が七八対三〇、フロリダ州が五八対七五である。

副大統領候補の選出と民主党全国大会での基調演説の演者設定においても、バージニア州が絡んだ。オバマの弱点と言われる安全保障問題を専門とするウェブ上院議員（民主党・バージニア州）と、行政経験がありワシントン政治とは隔たりがあるバージニア州知事ケインが、副大統領候補に挙がった。有権者がワシントンに変革をもたらすことを要望する中で、ケイン知事はオバマ陣営のスローガンである変革に合った候補であり、オバマと相性がいい点から、上院外交委員会の議長であるバイデン上院議員（民主党・デラウェア州）、軍事委員会のメンバーであるバイ上院議員（民主党・インディアナ州）と共に、副大統領候補のショートリスト、いわゆる最終リストまで残った人物であると言われている。オバマ陣営には、四四年ぶりに同州を青色にする機会であり、バージニア州の勝利は、大統領選挙の勝利に貢献することから、同州から副大統領候補を選出するという選択肢があった。

しかし、ケイン知事を選んだ場合、彼は一期目の知事であり、オバマ自身も一期目の上院議員であることから、マケイン陣営が攻撃の的とし、有権者が懸念している「経験の欠如」を補うことはできなかった。「経験の欠如」に関して言えば、バイ上院議員は一九五五年生まれで、激戦州の一つであるインディアナ州の上院議員であり知事の経験もあるが、年齢的にみてオバマより六歳年長でしかなく、やはりそれを克服することはできなかった。

副大統領候補の議論をしている最中に、ロシアのグルジア侵攻が起こり、外交・安全保障問題を得意とするマケインが、ロシアをG8のメンバーから外すことを主張するなど強硬な態度をとり、支持を伸ばした。この頃、私が戸別訪問をした有権者の中に、マケインの経験と決断力およびロシアのグルジア侵攻に対する強い態度を高く評価する支持者がいた。

一方、オバマは、ハワイで休暇をとっており、対応が遅れた上に、記者会見においても、マケイン比べ、弱腰の発言であったことから、彼の経験の欠如と外交政策の未熟さがクローズアップされた。このロシアのグルジア侵攻が、一九四二年生まれで経験と外交政策の精通といった双方を備えたバイデン上院議院の魅力を増したことは、否めないだろう。

誰が副大統領候補になるのか様々な憶測が飛び交う中、オバマ陣営は、バージニア州の元知事で上院議員選挙に立候補しているワーナーを、民主党全国大会の基調演説の演者に指名した。二〇〇四年の民主党大会で、オバマは基調演説を行い、これがきっかけになり全国に知名度を高めた。ワーナーの指名は、彼自身が次の民主党を担う人物になるというメッセージであるとともに、選挙戦におけるバージニア州の重要度を意識した戦略の一つでもあった。また、このワーナーの指名により、同じバージニア州のケイン知事を副大統領候補にするという選択の可能性は薄れた。民主党全国大会の三日目に、副大統領候補の受諾演説と基調演説が予定されていたが、両方の演者がバージニア州から選ばれることはないだろうというのが、その根拠となっていた。この推測は当たり、結局、オバマは、全国的に知名度が高く、経験があり外交政策に強いバイデン上院議員を指名した。このように、副大統領候補の選択と基調演説の指名においても、バージニア州の存在は大きかった。

テレビ広告費にも、バージニア州重視の戦略が表れた。オバマとマケイン各陣営のテレビ広告費を比較したウィスコンシン大学のプロジェクトによれば、九月二八日から一〇月四日の一週間に、オバマ陣営は激戦州全体に一七五〇万ドル、マケイン陣営は一一〇〇万ドルをつぎ込んでいる。州別にみてみると、オバマ陣営は、激戦州の中でも、オハイオ州、フロリダ州、ペンシルバニア州、バージニア州の四州にそれぞれ二〇〇万ドル以上を投じている。

一方、マケイン陣営は、同時期に激戦州の中でも、オハイオ州、ペンシルバニア州、ミシガン州の三州にそれぞれ一七〇万ドル、一六〇万ドル、一二五万ドルをつぎ込んでいる。マケイン陣営には、二〇〇万ドルを超えた州はない。後に、マケイン陣営は、選挙期間中にミシガン州から撤退をすることになるが、スタッフおよび支持者のモチベーションに対し、かなりのマイナスであったことは否めない。

　加えて激戦州の中でも、オハイオ州とフロリダ州と共に、バージニア州に重点を置いていたことが顕著に表れているのが、候補者の訪問回数である。今回の大統領選挙において、六月から投票一週間前までに、オバマ、バイデン、マケイン、ペイリンが訪問した激戦州の回数をワシントン・ポスト紙が報道しているが、これをみると、オバマは、オハイオ州を二一回、バージニア州とフロリダ州をそれぞれ一七回、訪問していることがわかる。この三州が激戦州の訪問回数のトップ三で、それにペンシルバニア州の一四回が続く。この頻度の傾向は、バイデンの訪問回数とも一致している。バイデンは、オハイオ州を一三回、フロリダ州を一二回、バージニア州を一一回、ペンシルバニア州を六回訪問している。オバマとバイデンの訪問回数を合わせると、オハイオ州が三四回、フロリダ州が二九回、バージニア州が二八回、ペンシルバニア州が二〇回になる。

　オバマ陣営は、当選に必要な二七〇の選挙人を獲得するために、二〇〇〇年に民主党ゴア候補と、二〇〇四年には同じ民主党のケリー候補が、共和党のブッシュに敗れたオハイオ州（選挙人二〇）、フロリダ州（選挙人二七）、バージニア州（選挙人一三）に焦点を当てていたと言える。二〇〇四年の大統領選挙では、ケリー候補は、二五二の選挙人を獲得している。この数字をベースに、選挙戦略を立ててみると、一九九二年の大統領選挙以来、民主党候補が勝ってきたペンシルバニア州を守り、オハイオ州かフロリダ州のどちらかの州に勝つか、バージニア州と他の州との組み合わせ、つまり、コロラド州（選挙人九）か、アイオワ州（選挙人七）かニューメキシコ州（選挙人五）のいずれかとの組み合わせにより、二七〇に達することになる。二〇〇四年の大統領選挙では、ブッシュ大統領がオハイオ州、バージニア州、コロラド州、アイオワ州で勝利をしている。マケインが防衛的な選挙を行うのに対し、オバマは、今回の選挙でこれらの共和党のテリトリーに入り、草の根運動を展開し攻撃的な選挙を行ってきた。

一方、マケインの訪問回数をみると、オハイオ州二九回、ペンシルバニア州二六回、フロリダ州二四回になっており、この三州がトップ三である。興味深いことに、副大統領候補のペイリンも、オハイオ州とペンシルバニア州を共に一四回、フロリダ州を一〇回訪問している。マケインとペイリンを合計すると、オハイオ州が四三回、ペンシルバニア州が四〇回、フロリダ州が三四回になる。オバマは、民主党のペンシルバニア州での予備選挙で、ヒラリーに一〇ポイントという二ケタの差（四五％対五五％）をつけられて敗れている。マケイン陣営は、オハイオ州とフロリダ州を死守し、ペンシルバニア州の獲得を目指したと言ってよいだろう。

二〇〇四年にブッシュ大統領が獲得した二八六と、ケリー候補が獲得した二五二の選挙人をベースに考えてみると、次のような計算が成り立つ。オバマがバージニア州、コロラド州、アイオワ州、ニューメキシコ州（合計三四の選挙人）に勝った場合、オバマの選挙人の獲得数は二八六、マケインは二五二になる。ところが、マケインがペンシルバニア州に勝てば、二一の選挙人を獲得し、二七三になり、オバマは二六五で敗れる。マケイン陣営にとって、ペンシルバニア州は、勝負を決める州であった。マケイン陣営が、最後までペンシルバニア州にこだわった理由はそこにあった。

投票まで五日と迫った一〇月三〇日、ニューメキシコ州の知事で、民主党の予備選に出馬したビル・リチャードソン知事は、バージニア州フォールズ・チャーチにあるジョージ・メイソン高等学校で行われたヒスパニックのオバマ支持者を集めた集会に参加した。リチャードソンは、有権者に問いかける。

「イラク戦争を終わらせる準備はできているか」

「イエス」

有権者が叫ぶ。

「グアンタナモ基地にある収容所を閉鎖する準備はできているか」

「イエス」

有権者が声を高める。

オバマ陣営の合言葉である「イエス・ウイ・キャン」を、自らスペイン語で繰り返す。

「スィ・セ・プエデ」「スィ・セ・プエデ」「スィ・セ・プエデ」

有権者たちも「ラテン系アメリカ人のオバマ支持者」と書かれた看板を上下に振りながら、「スィ・セ・プエデ」と叫んだ。

予備選挙では、オバマと戦ったリチャードソンは、本選挙ではオバマのために、ヒスパニック系の有権者を集めたオバマの集会に参加し、ヒスパニック票を集めた。このスピーチの冒頭で、「オバマがバージニア州に勝てば、ゲーム（選挙）は終わりだ」と述べた。

投票の前日の一一月三日、オバマは、地元のシカゴに戻る前に、フロリダ州、ノースカロライナ州、バージニア州を訪問していた。バージニア州では、約九万人が集まった。そこで、オバマは、自らオバマ陣営の合言葉である「ファイアード・アップ」「レディ・トゥー・ゴー」の掛け声をかけ、翌日の投票に向け、有権者に活気を与えた。

以上に加え、ワシントンＤＣやメリーランド州のオバマ草の根運動員の一部は、バージニア州で戸別訪問を展開した。週末には、ニューヨーク州からミニバンに乗って、バージニア州フォールズ・チャーチにあるオバマ事務所に、アジア系アメリカ人のオバマ支持が応援に駆け付けたこともあった。これもバージニア州が激戦州でもあり、その中の重点州であったことの一証左である。

激戦州での草の根運動

私は、現在メリーランド州に在住しているが、全ての戸別訪問を激戦州のバージニア州北部で行った。二〇〇八年六月からオバマ草の根運動に参加し、一一月四日の投票日の午後まで、戸別訪問を続けた。戸別訪問は、主として週末を利用して行った。バージニア州北部のフォールズ・チャーチやマクリーンにあるオバマの事務所では、土曜日は午前一〇時、日曜日は一二時から、戸別訪問が行われた。九月に開催された共和党全国大会の終了後から、私は週末に加え、時間が許す限り平日も、午後五時から戸別訪問を行うようにした。

毎週、集合場所は異なった。オバマのバージニア州北部にある各事務所、小・中・高等学校、オバマ支持者の自宅、ゴルフクラブのパーキングなど様々であった。そこには、ブリジットのようなフィールド・コーディネーターがおり、草の根運動員一人一人にパッケージを配布した。パッケージの中には、ヒアリング調査の対象となっている有権者のリスト表が含まれていた。掲載された有権者は、オバマ支持者なのかマケイン支持者なのか明確ではない有権者である。裏返せば、オバマ陣営は、掲載されていない有権者については、すでにどちらに投票をするのかを把握していたのである。

二〇〇八年六月一四日、土曜日、この日が私の戸別訪問の初日となった。私は、グループで戸別訪問をするものだと思い込み、多少気楽な気持ちで参加したが、基本的には戸別訪問は、一人で行うことになっていた。パッケージが渡されると、即、フィールド・コーディネーターによる約二〇分のトレーニングが行われた。冒頭でブリジットの説明を紹介したように、そのトレーニングの中心は、戸別訪問のやり方であった。リストに上がっている有権者が、民主党支持者か、共和党支持者か、無党派かを聞き出す。オバマを強く支持をしているのか、オバマに傾いているのか、決めかねているのか、マケインに傾いているのか、マケインを強く支持しているのかの五段階に分類する。同様に、上院議員候補のワーナーや各選挙区の下院議員候補に対しても、五段階に分ける。その上で、関心の高い政策を聞き出し、最後に草の根運動に参加したいのかを尋ねる。

私の経験では、オバマ支持者の自宅や小・中・高等学校に集合し、そこを拠点にして、近隣を戸別訪問するケースが多かった。自宅を開放した支持者は、中流以上の白人が中心で、アフリカ系アメリカ人の自宅は、一件のみであった。自宅の庭には、オバマやオバマ―バイデン、ワーナーの看板が立てられていた。

因みに、戸別訪問は、英語で「キャンバシング」と言い、フィールド・コーディネーターは、草の根運動の拠点となる支持者の自宅を「ステーション」と呼んでいた。

草の根運動に参加する第一ステップには、オバマの公式のホームページを開き、名前、郵便番号、メールアドレスを登録することである。すると、オバマ支持者が集まるイベント、戸別訪問の日程、電話によるオバマ支持要請の運動、オバマ支持の有権者を登録させるための運動などの情報が送られてくる。レストランで開かれる集会の情報も得られる。そこでは、他の支持者との出会いもある。ワシントンDCでは、カラオケ大会が開かれ、そこで献金を募っている。また、戸別訪問や電話によるオバマ支持の要請も行われる。こうした集会に参加することで、前述した草の根運動における自分の位置が定められる。これが第二ステップである。八月四日のオバマの誕生日には、ワシントンDCのUストリートにあるレストラン「ローカル一六」で、誕生会が開らかれ、参加者から最低一〇ドルの献金が集められた。

第三ステップは、実際の行動である。私の場合、四月中旬、ワシントンDCのオバマ支持者のミーティングに参加した。その後、二ヵ月弱、ワシントンDCでの様々な集会や民主党のワシントンDCの党大会に出席した。しかし、アフリカ系アメリカ人が大多数を占め、オバマが楽勝を見込めるワシントンDCよりも、激戦州バージニアに関心を持ち、六月の第二週になって、バージニア州ボールストンの集会に出かけた。そこで、第三ステップの実際の行動に入って行ったのである。

訪問件数にもよるが、一回の戸別訪問におよそ三時間半かかった。というのは、土地勘がないからであった。ブリジットは、バージニア州フェアファックスが地元である。しかし、私はオークトン高校や支持者の自宅に集合し、ある地区の一部を戸別訪問するように依頼されても、どのようにしてその場所まで到達できるのか調査から開始しなければならなかった。パッケージの中にはターゲットになっている有権者の自宅付近の地図と、集合場所からの道順が説明されているが、私には自分が用意した地図と照らし合わせ、目的地をしっかり押さえる作業が必要だった。他の草の根運動員は近隣者なので、トレーニングを受けると、即座に出発して行った。

このような状況で始めた戸別訪問であったが、結局、一一八六件のドアを叩き、二〇八人の有権者から回答を得た。拒否も四八件あった（図表3）。

拒否した有権者の中には、「私を政治に巻き込むな」、「あなたには誰に投票するかは教え

日時	地区	訪問件数	回答	拒否
6月14日	アーリントン	38	4	1
6月21日	マクリーン	71	13	0
6月22日	フォールズ・チャーチ	69	9	3
6月28日	オークトン	69	16	0
7月5日	フェアファクス	67	6	2
7月19日	フェアファクス	57	7	3
7月20日	フェアファクス	25	1	0
7月26日	フェアファクス	41	7	0
8月3日	フォールズ・チャーチ	22	1	2
8月16日	フォールズ・チャーチ	35	7	2
8月17日	フォールズ・チャーチ	33	5	3
8月23日	オークトン	55	17	2
8月30日	オークトン	49	8	3
9月13日	オークトン	59	6	2
9月15日	マクリーン／フォールズ・チャーチ	29	6	2
9月16日	マクリーン	10	1	0
9月17日	マクリーン	38	8	6
9月20日	オークトン	44	13	4
9月21日	オークトン／マクリーン	72	15	3
10月3日	マクリーン	29	4	3
10月4日	フォールズ・チャーチ	29	3	3
10月5日	オークトン／フォールズ・チャーチ	26	10	0
10月10日	フォールズ・チャーチ	8	0	0
10月11日	フォールズ・チャーチ	33	4	1
10月18日	フォールズ・チャーチ	33	5	2
10月19日	フォールズ・チャーチ	5	2	0
10月31日	フォールズ・チャーチ	10	5	0
11月1日	アナンデール	24	9	0
11月2日	フォールズ・チャーチ	20	4	1
11月3日	マクリーン	63(注)	0	0
11月4日	フェアファックス／マクリーン	23	12	0
合計		1186	208	48

（注）11月3日は、ヒアリング調査を行わずパンフレットの配布のみ

図表3　戸別訪問の件数

ないわよ」と言った有権者がいた。「寝ていた娘を起こしてくれたな」と怒ってドアを開けた有権者もいた。その時は、即座に謝った。このような有権者には、拒否の欄にチェックのマークを入れた。「ノー・サンキュー」と言われ、ドアを閉められれば拒否となる。草の根運動員が、この欄にマークの入った有権者を再訪することはなかった。

ドアを叩くと、一旦はドアを少し開けるが、私がかぶっているオバマの野球帽やバッジを見るや否や、「ノー・オバマ」と声を高めた有権者や、「私は、マケインの支持者だ」と言って、ドアを閉じてしまう有権者もいた。「私がオバマに投票をするように、あなたは私を説得できるかしら」と挑戦してくる有権者もいた。駐車場に止めた車から降りてきて、「オバマなんかとんでもない」と言い放ち、背を向けて家に入っていく有権者もいた。芝刈りをしながら、「私はマケインの支持者だ」と私に向って言った後に、「マケイン、マケイン」と叫ぶアジア系アメリカ人の有権者もいた。

ある保守的な地域で戸別訪問をした時は、ゴルフの練習をしていたと思われる年配者が出ていて、クラブを持ちながら威圧的な顔をして言った。

「何をしているんだ。この近隣は、全て共和党だ。私は、民主党が嫌いだ。去れ」

玄関から奥さんらしい人が出てきて、不愉快な顔を私に向けた。

このような態度をとったり、「私はマケインの支持者だ」と意思表示をして、ドアを閉めてくれれば「マケインを強く支持」の欄に、チェックマークを入れることができる。不快な思いをしても、オバマ支持者かマケイン支持者かの識別ができ、目標を達成できた。しかし、黙ってドアをしめられると、拒否になってしまい、どちらの候補をどの程度支持しているかが明確にならない。そこで、ターゲットになっている有権者と対話をすることが重要になってくる。

草の根運動に参加するに当たり、ワシントン在住で異文化教育のコンサルタントをしている友人（民主党支持者）が私にアドバイスをしてくれた。

「モトオ、保守派のドアを叩かないほうがよい」

これは無理な話だった。ドアには保守派、リベラル、中道の表札は書かれていない。トム・ハンクス主演の映画「フォレスト・ガンプ／一期一会」の中に、「人生はチョコレートの箱のようだった。食べてみないと何のチョコレートか分からない」というセリフがあるが、戸別訪問はドアを叩いてみないと、保守派が出てくるのか、リベラルか、中道か、あるいは、イラク北部から移民をしてきたクルド族が出てくるのか、イラン人か、エチオピア人か、白人か、インド人かは分からない。それが、戸別訪問なのである。

「いつかは保守派のドアを叩くことになるだろう」と思いながら、戸別訪問を行った。その内に、保守派と対話をしてみたいという気持ちに駆られるようになった。フォールズ・チャーチのオバマ支持者の多い地域で、暖かい言葉をかけられながら戸別訪問を行うのみではなく、保守派が住むオークトンのある一角で、草の根運動を展開することが、意見のバランスを図れると思い立った。

私が在外研究のために籍を置いているアメリカン大学（ワシントンＤＣ）には、オバマ支持者の教員、職員、学生が圧倒的に多い。大学進学適性試験や大学のランキング調査を行うプリンストン・レビューは、アメリカン大学を全米で最も政治的に活動的な学生がいる大学と位置づけている。民主党大会と共和党大会の両大会に、アメリカン大学の学生記者たちが取材に出かけた。指導教授の指導の下に、コミュニケーション学部の学生たちは、ＵＳＡトゥデイおよびギャラップとプロジェクトチームを組み、一八歳から二九歳の若者層を対象にした共同世論調査（一〇月一三―一九日）を実施した。この共同世論調査では、若者層の支持率は、オバマが五八％、マケインが三八％で、オバマが二〇ポイントマケインをリードしているという結果が出ている。

大学側も大統領選挙に積極的であり、様々なシンポジウムを開いている。たとえば、その中には、公共政策学部が、民主党大会と共和党大会の期間中に、デンバー（コロラド州）とミネアポリス／セントポール（ミネソタ州、行政／政治州都）で、アメリカン大学の卒業生を対象としたものがある。また、アメリカン大学に、オバマの世論調査員や共和党のコンサルタントを招き、シンポジウムを開いた。大統領選挙後も、最終ディベートの司会を務めたCBSのトーク番組「フェイス・ザ・ネイション」の司会者ボブ・シーファーやポリティコのコラムニスト等をキャンパスに招いた。

二〇〇八年一月にオバマは、アメリカン大学を選び演説を行い、エドワード・ケネディ上院議員（民主党・マサチューセッツ州）およびパトリック・ケネディ下院議員（民主党・ロードアイランド州）、ケネディ元大統領の娘のキャロライン・ケネディから支持を得た。後に、キャロラインは、オバマの副大統領候補のリサーチメンバーの三人の内の一人になっている。ケネディ家とアメリカン大学の関係は、ケネディが暗殺された一九六三年に遡る。同年六月に、ケネディ元大統領は、アメリカン大学の卒業式で、「平和の戦略」と題する演説を行っている。当時、ケネディ元大統領がスピーチをした場所には星条旗とアメリカン大学の旗が立てられ、石碑にはスピーチの一節が刻みこまれている。

このようなリベラルな環境の中で、保守派の意見にも耳を傾けたいというニーズが増し、保守派の地域で戸別訪問を行うことにした。その結果、散々な目にあった。これも以下で紹介しよう。

さて、読者の皆さんなら想像できると思うが、アメリカの民家に入っていくには、危険が伴う。そこで、私は、一目でオバマ支持者が戸別訪問を行っていることが明確になるように、オバマのロゴマーク入りの野球帽をかぶり、オバマ陣営のOマークが印刷されたTシャツを着て、それにメッセージとオバマの顔がついたバッジをつけたのである。左手には、ターゲットになっている有権者のリストとオバマの政策をまとめたコピーやパンフレットを持ち、右手でドアを叩いた。これが最大の保身術であった。

フィールド・コーディネーターは、緊急事態が発生した場合にコンタクトをとる一二名のコーディネーターの名前と携帯番号およびフォールズ・チャーチ、マクリーン、フェアファックスのオバマ事務所の電話番号を掲載したリストを、毎回、戸別訪問をする草の根運動員に渡した。私の耳には緊急事態が発生した話は入ってこなかったが、心のどこかに緊張があったのは事実である。

以下、八月と九月に開催された民主党全国大会と共和党全国大会前に、バージニア州フェア・ファックスを中心に実施した戸別訪問を通じて得た有権者の声を紹介してみよう。

有権者の声

サリム・カーン（一九歳）

玄関のドアに大きな黄色のリボンが垂れ下がっていた。これまでも黄色のリボンをみかけてきたが、最も大きなリボンであった。黄色のリボンは、戦場にいる家族や知人を忘れずに待っていることを示すシンボルとして使われる。車の後部に黄色のリボンのシールを貼っている車をみかけることがある。

家族の一員が、イラクかアフガニスタンに駐留しているのだろう。家の前には、朱色の旗が立っていた。この旗は、みかけない旗だった。

「イラク戦争を支持しているから、マケイン支持者の家だな」

そう思うと、ドアを叩く音も、普段よりも自然と小さくなった。

左手にばんそうこうを貼った老婦人が出てきた。

「オバマの草の根運動に参加しているモトオ・ウンノです。サリムさんとお話をしたいのですが」

老婦人は、家の中にいるサリムの母親らしい人に尋ねていた。

「サリムは、出かけています」

「そうですか」

不在の欄に、チェックマークを入れて、後ろを振り向くと車から降りてくる若者がいた。

老婦人が、彼がサリムだと教えてくれた。サリムは、身長は一七五センチぐらいで、痩せ形。家の前に掲げられてある朱色の旗と同じ色のTシャツを着ていた。そこには「USMC」と印刷されてあった。

「米海兵隊だよ」

旗にも、海兵隊を表す文字（United States Marine Corps）が入っていた。

「兄がイラクとヨルダンの国境にいる。僕も海兵隊の訓練キャンプに参加するんだ。オバマのタイム・テーブル（大統領就任後、イラクから一六カ月以内に駐留米軍を撤退させる計画案）には反対だね。そんなことをしたら、テロリストたちに有利に働いてしまうだろ。いつ米軍がイラクから撤退するのか分かっていれば、テロリストたちはそれまでエネルギーを蓄えておいて、撤退後にイラクを攻撃するさ。僕がイラクに行きたい理由は、行きたくない人たちがいるから。そういう人たちに代わって、僕が行く。イラクに自由をもたらすためにね」

ここまで聞けば、マケイン支持者だと思うだろう。ところが、彼は経済問題に話を移した。

「この地域には、食料品を扱った店が五件あったけれど、全て店を閉じてしまったんだ。だから経済問題には関心がある。オバマのタイム・テーブルに反対で、海兵隊に入るからといって、マケイン支持者ではないよ。僕は、オバマに傾いているんだ。何故かって。彼の方が、マケインよりも頭が切れるからさ」

この頃、オバマは、アフガニスタン、イラク、イスラエル、パレスチナ、ドイツ、フランス、イギリスを訪問し、帰国したばかりだった。イラクでは、マリキ首相から、オバマが大統領に就任後、一六カ月以内にイラクから撤退するというタイム・テーブルを支持する声明があり、それは、オバマ陣営に大きな贈り物になった。

オバマの訪問がマスコミに大きく扱われる中、マケイン陣営は、マスコミの扱いが不公平であると抗議をした。ところが、その頃マケインは、「イラクとパキスタンの国境」（両国の間には国境はない）、「チェコスロバキア」（チェコとスロバキアに分離）などの失言をした。幸いにして、オバマの海外訪問の影で、マケインの失言はマスコミに「大きく扱われる」ことはなかった。そのことで、マスコミ側は、マケインを皮肉った。

オバマが提案した大統領就任後から一六カ月以内に駐留米軍を撤退させるというタイム・テーブルは、オバマ支持者の中でも議論を呼んでいた。

リネッテ・ユント（五七歳）

「オバマは人々に希望を与え、（人々を）鼓舞するので、私はオバマを支持しているの。イラクからの米軍撤退については、私は慎重な立場をとっているの。あなたは、窓に星のついた旗が飾ってあるのを見たかしら。息子が二人、イラクにいるの。米軍が撤退したために、一般のイラク人が殺されるのを見たくはないわ。撤退の期限をもうけるのは、アルカイダに有利に働くので私は反対だわ」

枠が赤色で白色の背景に青い星がついた旗は、息子が軍務に当たっていることを示す旗で、それを窓にぶらさげる習慣がある。息子が戦死した場合は、星の色が金色に変わる。父親と息子の二人が軍務に当たっている時は、星が二つつく。ユントの家には、青い星が一つついた旗が窓にぶら下がっていた。戸別訪問をしている最中に、青い星の旗が窓にぶら下がっているのを注視するようになった。

エメット・ホルマン（六七歳）

「私は元ヒラリーの支持者です。今はオバマに傾いています。オバマは、一六カ月以内にイラクから米軍を撤退させると言っていますが、大統領になったら現実的になると思います。私は、オバマが撤退の期間を延長すると予測しています。アメリカはイラクに対して責任があるのです。例えば、店に行って陶器を落としてしまったら、支払う責任があるのと同じです。アメリカはイラクを破壊しました。ですから、イラク国民の世話をする責任があるのです」

ホルマンのように大統領就任後、一六カ月以内というタイム・テーブルを延期するだろうという意見を、戸別訪問中、他のオバマ支持者からも聞くことができた。さらに、オバマ支持者から、米軍に任務を果たしてもらいたいという声も聞くことができた。これはマケインの支持者と一致していた。

右で紹介したオバマ支持者の中には、タイム・テーブル反対、撤退の延長論、責任論、慎重論を主張する支持者もいる反面、即座撤退を訴える支持者もいた。マケインが、イラク戦争における勝利にこだわったのに対し、オバマはイラク戦争に反対票を投じたことを選挙戦における「売り」にしており、撤退を主張し、マケインとの対立軸を明確にして支持を得た。以下は、戸別訪問の中でオバマ支持者がイラク戦争に関して語った声である。

•「イラク戦争は、終わりのない戦争だ。撤退するべきだ」（デイビッド・テイラー、四二歳）

●「イラクから米軍は、即座に、撤退するべきです」（トム・カーンズ、三八歳）

●「イラクからは、タイム・テーブルに従って撤退するのではなく、米軍は即座に、撤退するべきです」（アダム・カセラ、二六歳）

●「イラクから米軍はもっと早く撤退するべきだった」（レオ・アエルツ、一九歳）

また、「米軍は、イラクだけでなく、ドイツや日本からも撤退するべきです」（ウィリアム・ナブル、五〇歳）という声も聞くことができた。

一方、戸別訪問をしたマケイン支持者は米軍のイラク駐留を訴えた。

●「イラクに関して言えば、アメリカはミスを犯してしまった。国際的な支援がないのにイラクを攻撃した。その責務があると思うので、任務を果たすまで米軍は撤退するべきではない」（ステファン・クーネン、四六歳）

・「イラクから、米軍を撤退するべきではないわ。もっと混乱状態になって、コントロールが効かなくなってしまうわ」（スーザン・ムスル、二八歳）

・「オバマを支持しない理由は、まずイラク問題。米軍はイラクに、これから少なくとも三年間は駐留するべきだ。私はダルフールで起きているような大量虐殺を、イラクで見たくはないからね」（マフュー・リード、三〇歳）

「イラクにいる米軍は、撤退するべきではありません。米軍が沖縄や韓国に駐留しているように、イラクでも隣国や地域を監視するべきです」と語るマケイン支持者の台湾系アメリカ人（五三歳）もいた。また、歩行補助器に頼りながら、ゆっくりと歩きながら「私はマケインの支持者です。米軍はイラクに駐留するべきだと思います」と語った白人（八〇歳）の老婦人がいた。彼女の後ろにいたアフリカ系アメリカ人の介護士と思われる女性が、病弱なので質問には答えられないと言って、ドアを閉める直前に、「オバマは良い」と私にスマイルを浮かべながら語ったのは印象に残っている。

米軍のイラクからの撤退に関して言えば、マケイン支持者は「任務遂行まで駐留」「状況が安定するまで駐留」と、「駐留」でまとまっていた。一方、オバマ支持者は、「即座に撤退するべきだった」や「即座に撤退するべき」から「一六カ月以内に撤退」「タイム・テーブルの延長」「注意深く撤退」など、「撤退」を語っているものの、多様な意見に分かれている傾向があった。

では、イラク生まれのオバマ支持者やイラク北部からアメリカに移民をしてきたクルド族は、駐留米軍のイラクからの撤退の問題をどのように捉えているのだろうか。

- 「米軍は撤退するべきだわ。イラクはイラク国民が統治するべき」（スージン・テラ、二〇歳、イラク生まれ）
- 「米軍は、イラクの状況が安定するまで、駐留すべきよ。安定した時点で撤退するべきだわ。イラクは、アメリカではなく、シーア、スンニ、クルドが平等にコントロールするべきよ」（ニベーン・ダーウェシュ、一八歳、クルド族）

私が戸別訪問をしたクルド族は、イラクの状況が安定するまで米軍は撤退するべきでないという意見で一致していた。また、統治をするのは、イラク国民であるという点でも同意していた。

戸別訪問を行っている間に、イラク問題に関して、ブッシュ大統領に対する不満と怒りを表す共和党支持者の有権者と出会った。セリエ・デイビス、四八歳である。

「私は、オバマに傾いています。米軍を支持していますが、ブッシュ（大統領）を支持していません。ブッシュ政権は、兵士を酷使しすぎです」

一九六四年以来、共和党が支配してきたバージニア州では、ブッシュ大統領に対し、約五〇％が強い不満を表していた。全国的にみても、ブッシュ大統領に対する不人気は高く、この状況ではマケイン陣営がどんなに素晴らしい選挙運動を展開しても勝利は困難であると言われた。カリフォルニア大学サンディエゴ校のゲリー・ジェイコブソンの研究によれば、イラク戦争に対する支持とブッシュ大統領の仕事に対する是認は、八三％の一致をみている。（注2）換言すれば、イラク戦争に対する不支持とブッシュ大統領に対する不承認を示すグラフは、ほぼ一致して推移しているのである。

共和党支持者の中にも、ブッシュ大統領に対する不信任を表すために、オバマに投票する者がいる。その被害者は、マケインであった。共和党支持者の中に、ブッシュ大統領の兵士の扱いに怒りを示す有権者が他にもいた。戸別訪問とは別に、マクリーン在住の共和党支持者にヒアリングを行ったので、紹介してみよう。

「私は、これまで共和党に投票してきましたが、今回はオバマに投票します。息子が米陸軍に所属し、コソボ、アフガニスタン、イラクに派遣されました。毎日、息子の無事を祈りました。大量破壊兵器は見つからなかったのです。彼は兵士を酷使しているのです」

一八年前に彼にワシントンDCで会った時は、明るい栗色の髪をしていたが、今はその面影もなく白髪であった。その白髪が、息子の派遣を懸念する日々を送って過ごしたことを物語っているようだった。

彼はブッシュ政権に対する不信任の気持ちと怒りを、オバマに投票をすることにより表す。マケインは一票を失う。フセイン政権の大量破壊兵器の所有を理由に、イラク戦争を実行したブッシュ政権とその後の兵士の扱いに対する強い怒りは、マケインの外交や安全保障問題における経験のアドバンテージの一部を消してしまった。

イラク問題に加え、オバマ支持者とマケイン支持者の意見が対立する問題は、海底油田の採掘であった。マケインは、オバマが海底油田の採掘に消極的であると批判を繰り返した。ガソリン価格の高騰に伴い、有権者の間に「何かをしなければならない」という気持が強くなった。ガソリンの価格が一ガロン四ドルを超えた地域も出てきた。この問題に関して、戸別訪問で接触したマケイン支持者の中には、海底油田を採掘して、エネルギーに関して、アメリカが自立できるようになることが重要だと主張する者もいた。このようなマケイン支持者は、アメリカが石油生産国に依存し、中東諸国から不動産を買われていることを懸念していた。つまり、エネルギーの外国依存に、危機感を持っていたのである。

また、マケインの支持者の中には、オバマのエタノール支持と農民への補助金に強く反対している者もいた。一方、オバマ支持者は、海底油田を採掘するよりも、代替エネルギーに賛成していた。彼等の主張は、「海底油田の採掘による効果は、一〇年先であり、解決策にはならない」というものだった。

両党の党大会前に実施した戸別訪問において、オバマとマケインの支持者の意見に鮮明な相違がみられた問題は、イラクと海底油田の採掘の問題であった。

保守派の地域での戸別訪問

　ここで、保守的な地域で起きたエピソードを紹介することにしよう。

戸別訪問のターゲットになっている有権者のドアを叩いた。夫と思われる人がドアを少し開けた。私のオバマスタイルが目に入ると、「ノー・サンキュー」と言って素早くドアを閉めようとした。

その瞬間、私の目に、ヤンキースのマークが目に入った。

「ヤンキースのファンですか」

「そうだよ」

ドアを開けてくれた。彼はヤンキースのTシャツを着ていた。

「私は松井のファンです。来週、コロンビア大学で講義をした後、ヤンキースの試合を見に行きます。松井はケガで出場しないので残念です。今年は、ヤンキースタジアムの最後の年ですね」

「その通り」

彼は家から出てきてくれた。

「昨夜は、レッドソックスに勝って、首位のタンパベイとの差は、二ゲーム半さ。今日も、ヤンキースがレッドソックスに勝つ」

私は、オバマの野球帽をとり、彼の話を傾聴した。

「今年は調子が悪いけれど、ジョウジマは素晴らしいキャッチャーだと思う」

彼は、マリナーズの城島選手を褒めた。

彼の息子も出てきて、大リーグの話に加わった。息子は、A・ロッド（アレックス・ロドリゲズ）のファンだと言う。どのぐらいだろうか、大リーグの話をした後で、突然、父親の口からこんな言葉が飛び出した。

「私は保守派で、マケインを支持している。オバマの国民皆保険のアイデアは嫌いだ。政府にコントロールされたくないからね。私は、自己責任が好きだ。イランは危険な国だから、米軍はイラクに駐留し続けるべきだと思う。私は共和党支持者だけど、妻は民主党支持者。彼女は、予備選でヒラリーに投票をした」

これは、収獲であった。対話を図ったことにより、拒否をされずに済んだ。夫の欄には、共和党支持者、「マケインを強く支持」に、妻の欄には民主党支持者に、チェックのマークを入れることができた。別のオバマ草の根運動員につなげることができた。別の運動員が彼の妻を訪問し、オバマに投票をするのかを確認することになった。この時の良いイメージが、頭の中に残っていた。しかし、そのイメージが壊されるような場面に出会った。

バージニア州オークトンには、保守的な有権者が集まっている通りがいくつかある。ウィリアム・クリーク・レイン、ウィムブリーム・コート、トレード・ウィンド・ドライブ、アップルブルック・レイン、ウィンドソング・ドライブ。家の大きさ、玄関の間口の広さ、ドアの外観、玄関までの距離、車が三台収容可能な車庫などから言って、富裕層が集まっている地域である。

ある土曜日の朝、例の格好で一番最初に訪問する有権者の家に向って歩いていると、ボストン・レッドソックスの赤いTシャツと赤い短パンをはいた老人が早足で歩いていた。

「おはようございます。レッドソックスのファンですか。私は、大輔と岡島のファンです」

元気よく声をかけた。

「そうだよ。ダイスケは、きのう勝って一六勝を挙げた。他のチームには、一九勝のピッチャーがいるけど」

歩くスピードを落として返事をしてくれた。対話のきっかけができた。

「昨日、マケインがアラスカ州の知事を副大統領に指名しましたが、どのように思いますか」

「彼女のことは知らないね。これからみないと」

続けてこの老人は、次のように語った。

「この地域でオバマの支持を得るのは難しいと思うよ」

こう言って、別の方向へ早足で歩いていった。

確かに、この地域でオバマを売るのはタフであった。圧倒的にマケインの支持者が多かった。

●「マケインに投票するよ。妊娠人工中絶には反対。銃規制にも反対。海底油田の採掘には賛成。イラク問題もマケインの立場を支持している」（マーカス・ファウスト、五五歳）

絵に書いたようなマケイン支持者だった。全ての政策で、マケインと一致していると言わんばかりであった。

・「マケインの兄弟がスピーチをした献金集めに参加した。オバマの大統領受諾演説は、印象的だったけれど、マケインに投票する。オバマの中間層を対象にした減税に反対なんだ。副大統領は、経験がなくても構わない」（フランシス・ピアスーマクマナモン、五七歳）

私は、この時、初めて中間層を対象にしたオバマの減税政策に反対する有権者と出会った。オバマは、家庭の収入が二五万ドル以下の家庭には、減税を約束している。このオバマのプランでは、全米の九五％の仕事をもっている家庭が、減税を受けることになる。バージニア州では、四一〇万人が減税の対象になる。しかし、右の有権者は、オバマの税金政策では、増税の対象となっている富裕層に属しているのだろう。また、彼は、ペイリンの未経験を認めながらも、それに目をつぶることができるマケイン支持者である。

帰り際に、この有権者は私にこう言った。

「オバマのパンフレットは、他の人にやった方が、無駄にならなくていいと思うよ」

•「私は、保守派です。ペイリンはオバマよりも行政経験があります」（ロバート・タッカー、五二歳）

ペイリン支持者の中には、彼女の行政経験を強調する支持者がいる。第四章で紹介する共和党全国大会で会ったテキサス州の代議員もそうであった。

このようにマケイン支持者の多い地域で、戸別訪問をしていると、真正面から歩いてきた女性に話しかけられた。例の格好を観て、オバマの草の根運動員だと分かったのだろう。

「私の家は、とばしてね。私は共和党支持者なの。あなたには、悪いニュースでしょ」

この後、思いもよらないことが起きた。これまでに、見たことのないような巨大な家の玄関に向って歩いていた時、庭から犬が襲ってきたのである。首輪を外してあった。家に梯子をかけ、作業をしていた家主と思われる人が、犬に向って叫んでいる声が聞こえた。何といって叫んでいたかは、分からなかった。私は、思わず目をつぶってしまい、走らずに公道を目指して早足で歩いた。

この家の門を出ると、今度は公道を挟んで別の攻撃的な犬が私を待っていた。回りには犬の主人はいなかった。後から思ったことだが、家の中から私の姿を観て、笑っていたのだろう。私に向ってこの犬は、吠え続けた。とにかく、目を合わせずに、早足で歩いて行った。この地域では、自分は歓迎されていないと思うようになった。

民主党支持者の知人にこのエピソードについて話すと、彼女はこう反応した。

「電話を掛け合ったのよ。オバマの運動員を追い出そうとしたのよ」

しかし、この地域には、次のようなオバマの支持者もいたのも事実である。

「私は共和党支持者です。ブッシュに二回（二〇〇〇年・二〇〇四年）投票をしました。私の関心のある問題は、地球温暖化問題、エネルギー政策、中間層に対する減税です。オバマは、パーソナリティがマケインよりもよさそうなので、今回はオバマに投票します」（モ

リーン・ベイリン、四九歳）

次のような声も聞くことができた。

「私はオバマ支持者です。男女の賃金平等に賛成だからです」（キャロル・ピアスーマクナモナン、五七歳）

アジア系アメリカ人と太平洋諸島出身者を対象にした「私たちが必要としている変革のためのバラク・オバマの青写真」と題するレポートをみると、アメリカの男女の賃金の差は、男性一ドルに対し、女性が七七セントになっている。オバマは、男女平等の賃金を支持してきた。一方、マケインは、男女平等の賃金の法案に、反対票を投じてきた。オバマは、この相違を働く女性の有権者に訴えてきた。民主党全国大会で開かれた女性党員の大会や女性のリーダーシップに関するシンポジウムでは、この男女平等の賃金の問題を挙げていた。女性の有権者は、本選挙で全体の五三％を占め、その内、出口調査で五六％がオバマに、四三％がマケインに投票をしている。

しかし、この二人のオバマ支持者は、この地域では、明らかに少数派であった。そのような状況に直面した時、草の根運動員はモチベーションの低下を感じるだろう。リサーチの立場で参加している私でさえ、モチベーションの低下を感じた。このような場合、他人がモチベーションの管理をしてくれる訳ではなかった。従って、自己動機づけを行わなければならない。自己動機づけに役立ったのが、「ファイアード・アップ」「レディ・トゥー・ゴー」だった。

（注）

1　バラク・オバマ、白倉三紀子／木内裕也訳（二〇〇七）『マイ・ドリーム―バラク・オバマ自伝』ダイヤモンド社、p.158.

2　二〇〇八年一一月一四日、カリフォルニア大学ワシントンセンターで開催されたセミナーにおけるゲリー・ジェイコブソンのプレゼンテーションによる。セミナーのタイトルは、What the 2008 election meant: Politics and governance.

第二章★オバマのリーダーシップスタイルと多様性戦略

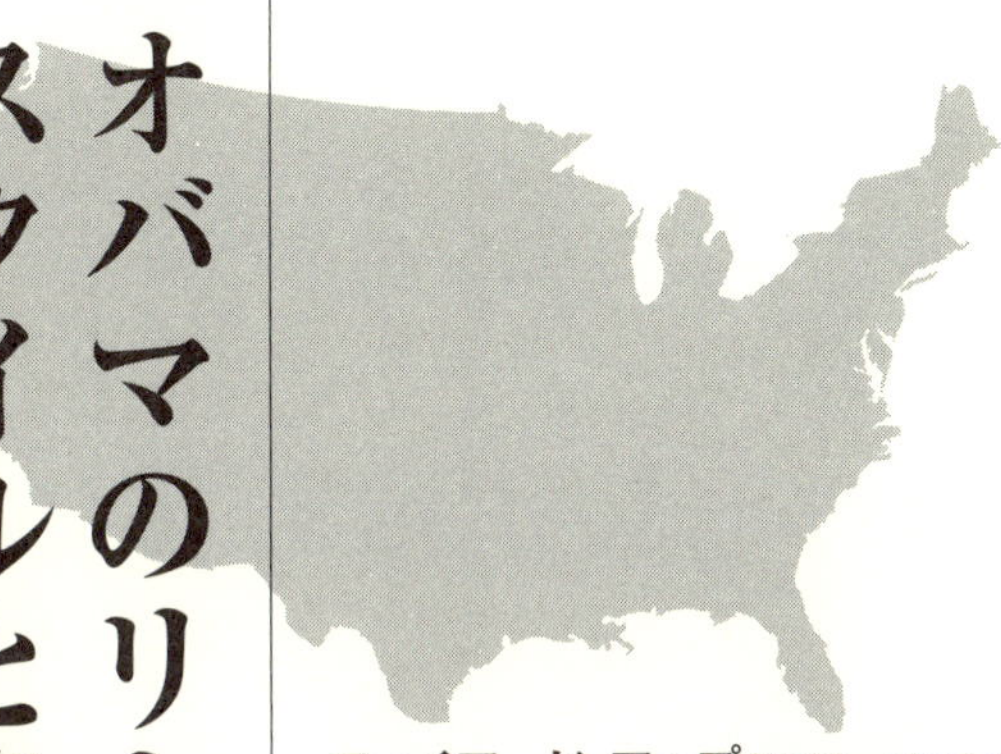

ファイアード・アップ（熱くなっているのか）
レディ・トゥー・ゴー（発射準備完了）

多様な文化的価値観の共存

オバマのアイデンティティを語らずに、彼のリーダーシップスタイルを語ることはできない。オレゴン州ポートランドにある異文化コミュニケーション研究所のジャネット・ベネットは、オバマを「多文化人間」と呼んでいる。ジャネットによれば、多文化人間は、複数のアイデンティティを備え、それをマネジメントできる。

確かに、オバマの人生を見ると、彼と多文化を切り離して考えることはできない。オバマは、一九六一年八月四日にハワイで生まれた。父親はケニア出身の留学生で、母親はカンザス州出身の白人（アイルランド系）であった。父親はハワイ大学を卒業し、妻と息子を残し、ハーバード大学の博士課程に進み、その後、母国のケニアに戻った。オバマは、父親と同じ「バラック・フセイン・オバマ」と命名された。オバマとは、「燃える槍」という意味である。

ケニア人の夫と離婚したアンは、インドネシア人と再婚。オバマは六歳から一〇歳までをインドネシアで暮らした。ハワイからインドネシアに移る途中、日本に三日間滞在し、鎌倉の大仏を見に行ったことや抹茶のアイスクリームを食べたことが自伝に記されている。(注1)再婚したインドネシア人の男性との間に、妹のマヤが生まれた。しかし、オバマに良い教育を受けさせたかったアンは、結局、オバマを連れてインドネシアからハワイに戻った。

その後、アンは文化人類学を専攻し、博士号を取得し研究に励んだ。その間、オバマは、白人の祖父と祖母に育てられた。祖父について、オバマは自伝の中で、一時テキサス州に住んでいたが、人種差別に対する不快感もあって、同州を離れたと聞いていると述べている。(注2)また、祖母については、銀行に勤務していたが、「ガラスの天井」に苦しんでいたことについて触れている。

この短いストーリーの中にも、オバマが「多文化人間」と言える要素がいくつか含まれている。

第一に、父親がアフリカ出身で、母親がカンザス出身のアイリッシュ系の白人である。オバマについて述べる時、彼が「黒人の父親と白人の母親の間に生まれた」と述べるのは、乱暴な言い方である。というのは、オバマの父親は、アメリカで生まれたアフリカ系アメリカ人ではない。アメリカ文化のバックグラウンドを持ったアフリカ系アメリカ人とは異なるのである。アンは、カンザス州出身やアラバマ州出身のアフリカ系アメリカ人と結婚をしたのではない。アイリッシュ系アメリカ人のアンにとって、アフリカ人は、価値観、ものの見方、信念において、アフリカ系アメリカ人のそれよりもさらに差異がある。異文化コミュニケーションでは、「文化的距離」という言葉を使って、文化的相違を表現するが、その距離はかなり大きかったと言わざるを得ない。母親は、異文化に関心が高かった。

第二に、オバマは、インドネシアで異文化を学んでいる。民主党全国大会で、異母妹のマヤは、アジア系アメリカ人のオバマ支持者を集めたシンポジウムの中で、「アロハー・エブリワン」（みなさん、今日は）とハワイ式の挨拶をし、オバマがインドネシアで異文化を学んだことを紹介した。また、マヤはオバマが文化の異なる世界の人々を理解し、コミュニケーションができる能力があることを強調した。

第三に、オバマは、アジア系アメリカ人が多数派であるハワイで育っている。マヤは、同じ挨拶の中で、オバマがハワイで沖縄料理をはじめ、アジアの食を楽しみ、アジアの文化を学んだことについて語った。

第四に、白人の祖父と祖母に育てられたことである。一部のアフリカ系アメリカ人の有権者の中に、オバマがアフリカ系アメリカ人らしくないと不満をもらす者がいる。彼等は、オバマの英語が、いわゆる白人の英語であると言うのだ。アフリカ系アメリカ人の肌の色をして、白人の英語を話す点も、「多文化人間」の要素といえよう。

白人の祖父は、文化的背景の異なる人種に対し寛大であった。祖母は女性であるが故に、あるポジションまでしか昇進昇格ができなかった。それをオバマは観察をしている。

メリーランド州ベセスダにあるオバマの支持者の自宅で、集会を開いた際、男性の支持者がオバマの自伝を読んだ感想を私に述べた。その際、彼はオバマが「ガラスの天井」により、昇進昇格ができなかった祖母について述べている点を挙げ、人種差別のみでなく、性差別についても理解があるのではないかと語った。私も、オバマが祖母と性差別を関連づけている点に注目していた。残念ながら、一一月四日の投票日の前日に、オバマは選挙中のノースカロライナ州で、祖母が亡くなったことを知った。

これらの要素は、オバマの「多文化人間」の形成に影響を与えている。「多文化人間」の強みは、複雑なスキーマを武器に、一つの事象や行動に対し多様な解釈や分析ができる能力があることだろう。スキーマは、経験に基づいて形成された知識や活動の枠組みであり、これによって情報の選択的認知や解釈がなされる。(注3)

余談になるが、文化的な背景の異なる現地社員を管理するには、複雑なスキーマの開発が欠かせない。単純なスキーマの保有者は、自文化に基づいた一つの解釈に依存する。

では、複雑なスキーマを開発するには、オバマのように両親の人種が異なる必要があるのか。あるいはインドネシアやハワイなど異文化や多文化的な要素のある地で生活をする必要があるのだろうか。多文化環境での生活経験のない日本人管理者は、そのようなスキーマを開発できないのか。答えは、否である。カナダのブリティッシュ・コロンビア大学でコンフリクト（対立）の対処法を研究しているミシェル・ルバロンは、複雑なスキーマを開発するために、ユニークなワークショップを展開している。彼女は、コンフリクトを起こす要因として、相手の行動を様々な角度から解釈するのではなくて、一つの解釈しかできない、いわゆる単純なスキーマを挙げている。（注4）そこで、ルバロンは、ワークショップの参加者を、現代美術館に連れていき、絵画や彫刻をみせ、様々な解釈のトレーニングを行っている。彼女によれば、印象派よりも、現代美術の方が多様な解釈ができるからである。つまり、オバマのように、必ずしも人種の異なる親を持たなくても、あるいは特殊な環境で育たなくても、このようなトレーニングを行うことにより、即座に判断し、結論を出すのではなく、事象や行動に対して様々な解釈ができるようになる。

アイデンティティについて、話を進めよう。冒頭の異文化コミュニケーション研究所のミルトン・ベネットは、一つの文化に過度に依存せずに、二つまたはそれ以上の文化の縁に位置し、文化間を移動し、楽しむことができる人間は「建設的な縁」にいると議論している。図を用いて表してみると、円と円の間に存在する（図表1）。ミルトンは、「建設的な縁」にいる人間は、熟考し選択をしながら、複数のアイデンティティを快適に移動することができると主張している。つまり、動的な状態にある。

一方、ミルトンによれば、二つまたはそれ以上の文化の間に閉じ込められ、どちらの文化

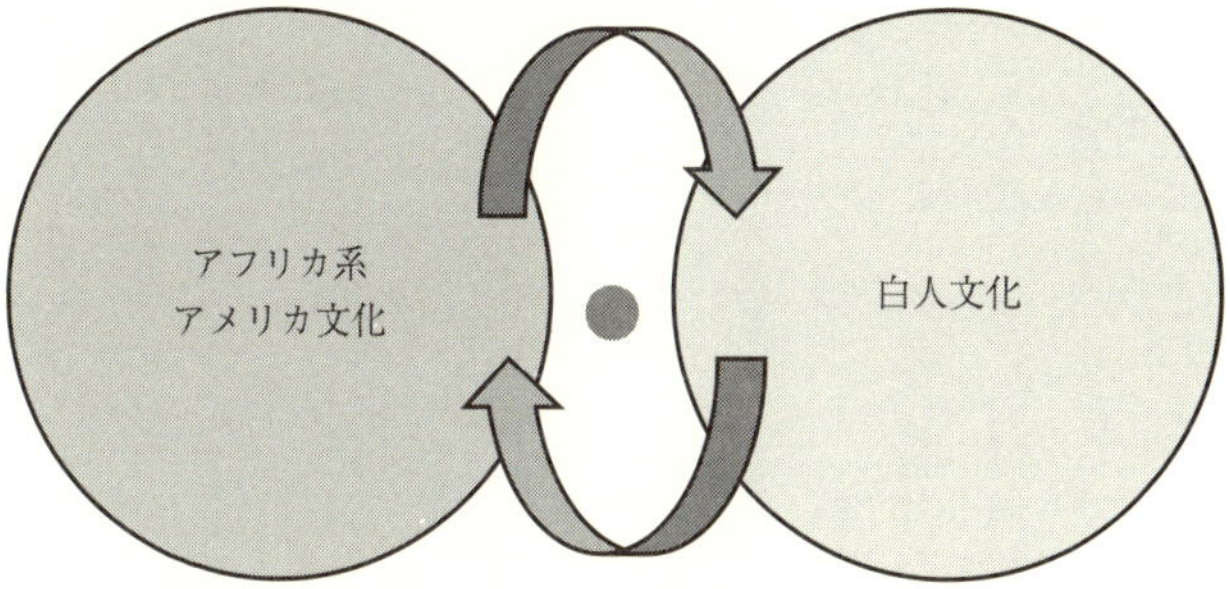

図表1　建設的な縁

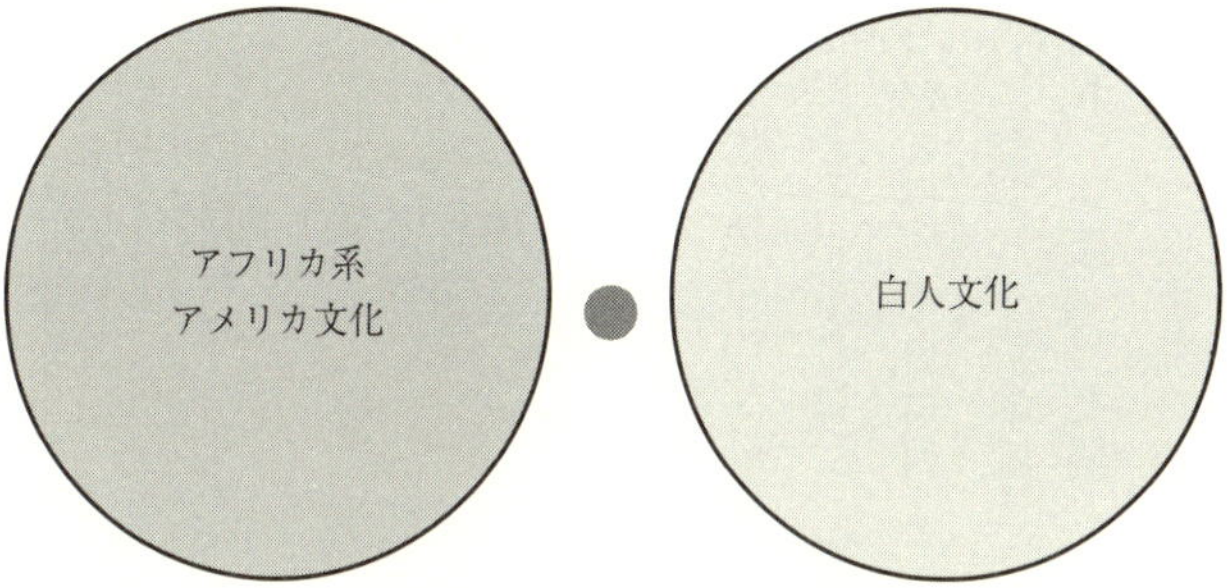

図表2　閉じ込められた縁

も楽しむことができない人間は、「閉じ込められた縁」にいると語っている（図表2）。例えば、そのような人間は、アフリカ系アメリカ人の文化と白人の文化の縁に位置し、どちらの文化にも快適な移動ができない静的な状態にある。アフリカ系アメリカ人からは、アフリカ系アメリカ人らしくないと非難を浴び、白人からは、白人の行動や考え方に従うように、圧力をかけられる。その結果、どちらの文化にいても落ち着かない。不安や恐怖が付きまとい、文化的アイデンティティに苦しむ。葛藤、心情的な阻害、のけもの扱いを受けるからである。「閉じ込められた縁」にいる人間は、自分の中に内在化された多様性のアイデンティティのコントロールと統一を図ることができないのである。「閉じ込められた縁」を青年時代に経験しているオバマは、自伝の中で次のように述べている。

「……自分は一人ぼっちで、いつまで経っても黒と白のどちらにも当てはまらない部外者でしかない、という取り去ることができない恐怖心が、いつも私を支配していた（注5）」

「閉じ込められた縁」にいる状態から抜け出すには、文化変容を起こし、一つのアイデンティティを選択し、移動することである。それは、心理的に安定をもたらす。

しかし、異文化論者の視点から言えば、それは好ましいことではない。文化変容は、本来、どちらかの文化の価値観や考え方、行動に、これまでのそれらを取りかえてしまうのではなく、加えていくからである。文化的に「拡大した個人」を創造するものであるからである。

例えば、これまで自分が重視してきた集団主義的な価値観を個人主義的な価値観に変えてしまうのではなく、集団主義的な価値観に個人主義的な価値観を加えていく。それは、「一

五〇％の人間」形成なのである。(注6)

オバマは、文化的価値観を自己の中に複数持ち、多様なそれらをコントロールすることにより、多文化の共存を維持できるのである。オバマは、自分の中に内在化された複数の文化的価値観の整合を図った。「閉じ込められた縁」にいたオバマは、多様な価値観の引き出しを持つことによって、文化的背景が異なる有権者と効果的にコミュニケーションをとれるようになれた。「閉じ込められた縁」にいたオバマは、そうすることにより、「建設的な縁」へのシフトに成功したのである。オバマには、白人文化を核としつつ、アフリカ系アメリカ文化、太平洋諸島の文化、インドネシア文化の四つの文化が存在し、その強度こそ差があれ、複数の文化的価値観が存在している。図表で描いたように、四つの円の大きさ——文化的価値観の強度——は若干異なるように思われる（図表3）。白人の母親と祖父母に育てられたオバマには、第一に白人文化が存在する。第二に、褐色の肌とアフリカ系の容貌を持ち、アフリカ系アメリカ人の妻を選び、ケニアに自分のルーツを探しに行ったオバマには、アフリカ系アメリカ人の文化、次いで、インドネシアの文化、アジア系アメリカ人と太平洋諸島の文化が存在し、それらが共存しているのではないだろうか。

二〇〇八年の七月にオレゴン州ポートランドにあるリード大学で開催された異文化の夏季研修で、ミルトンは、多様性の強みは、多様な価値観や考え方の存在が、イノベーションを

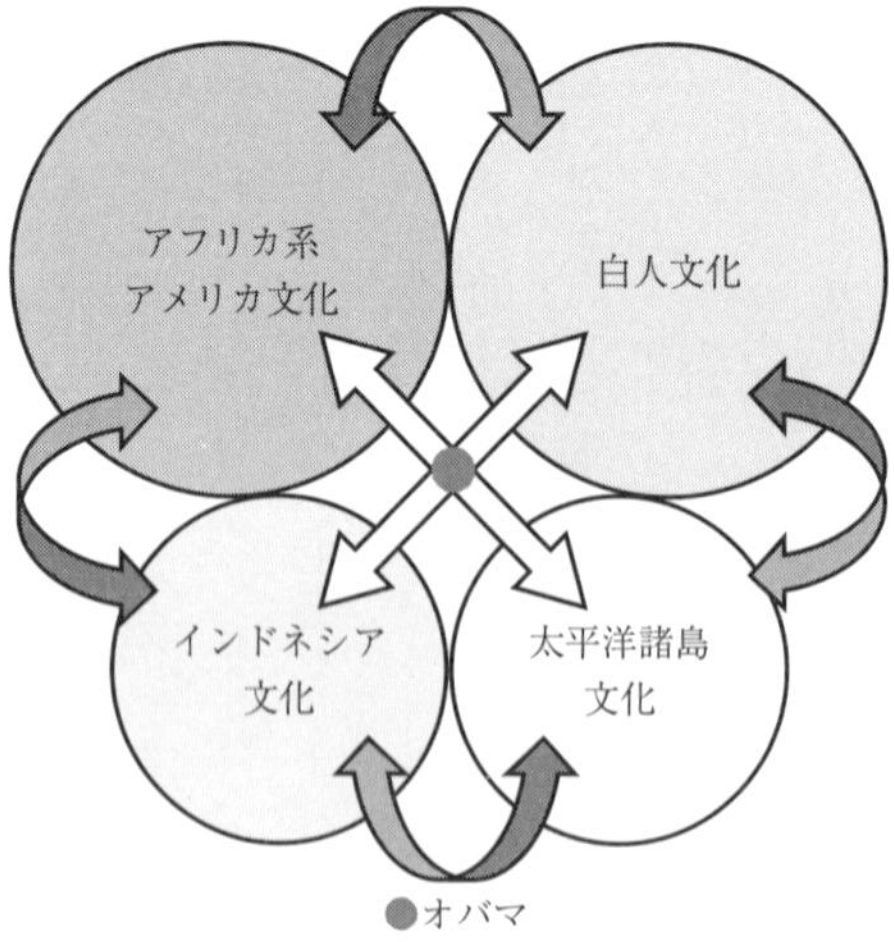

図表3　オバマの建設的な縁

引き起こすことにあると述べた。同時に、その弱みは、社会や組織が分裂しやすいことにあると指摘した。一方、ミルトンは、多様な価値観や考え方が欠如する社会や組織には、それを統一しやすい強みがあり、問題点に対し焦点を当て、全員でその解決に取り組むことができる反面、異論や議論が少ないために安易に一致をみやすいという欠点があると述べた。

ミルトンの議論は、エール大学の心理学者アーヴィング・ジャニスの「集団思考」の現象と共通したところがある。(注7) 集団思考の現象とは、組織やチームの成員が統一され、過度に凝集性が高くなると、安易に意見の一致をみようとするあまり、異論をださず、充分に選択肢や代替案を議論しない現象を指す。ジャニスによれば、そのような組織やチームでは、異議を申し立てる成員には、同調をするように圧力がかかる（同調の圧力）。その結果、組織やチームにおいて、最良の意思決定ができない。カナダのマクギル大学のナンシー・アドラーは、このような成員の集団思考の罠にはまらないために、組織やチームには多様性が不可欠であると指摘している。(注8)

オバマは、ホワイトハウスのスタッフと長官を選択した際、集団思考という言葉を用いた。彼は、クリントン政権のスタッフであったエマニュエルを主席補佐官、ライバルのヒラリーを国務長官、マケインと接点のあるジョーンズを安全保障担当の主席補佐官に選び、チームの中に異論を述べ、異議を唱えるメンバーが必要であると自分の選択を正当化した。ミルトンは「多様性の統一」がベストであると結論づけている。オバマは内在化した多様な価値観の整合という問題に直面し、乗り越えてきた。そのようなオバマは、選挙中にみせたように文化的に多様なスタッフのコントロールや統合に自信があるのだろう。

ファシリテーション型リーダー

政治レポーターのライアン・リザは、オバマに対する最大の誤解は、彼が反エスタブリッシュメントの変革者であるという点であると指摘している。(注9)リザは、オバマのシカゴでの政治・社会活動を分析すると、彼には既存のシステムを打破したり、変えるのではなく、自分自身をそれに適応させていく能力があると述べている。

リザによれば、オバマは、シカゴのサウスサイドで影響力のある教会を活用することにより、教会の雑誌、行事、メンバーの出生、結婚、死亡などの情報を入手し、コネクションを作って行ったと言う。また、オバマは、イリノイ州の州都スプリングフィールドでは、州の議員として、古参の民主党議員たちと、相互利益を生む関係づくりに力を入れた。二〇〇四年の連邦上院議員の予備選挙では、オバマは既存の政治システムに反対を示すと同時に、デイリー市長の兄弟でオバマの反対候補を支持したウィリアムに、もし自分が予備選で勝ったら自分を支持するように依頼している。リザは、これらの行動は、変革者とはほど遠いイメージであり、反エスタブリッシュメントとは言い難い行動でもあると結論を出している。

リザのレポートに従って、オバマの政治手法を分析するならば、外向けではアウトサイダーとして変革者のイメージを打ち出し、内向けではインサイダーとなり、古参の民主党議員と相互利益の関係の構築とその維持に努める。つまり、オバマはアウトサイダーとインサイダーのゲームを管理する能力に優れているのである。確かに、連邦上院議員の中では、新米議員のオバマは、上院外交委員会の委員長のバイデンや元上院院内総務のトム・ダシュル等の古参の議員と関係を築いていた。

しかし、私はオバマを変革者とみている点ではリザと見解を異にするが、オバマが既存のシステムを応用したり、組み合わせる能力に優れているということは否みようもないことで、その点ではリザに近い。

第一章で述べたように、オバマ陣営は、二〇〇四年のハワード・ディーン陣営のインターネット戦略を研究し、向上させ、それと草の根運動を融合させた。既存のシステムの融合である。草の根運動員が、オバマの演説や選挙マネジャーのプラウフのコメントをネット上で聞けるように、改善を加えた。インターネットを活用し、郵便番号を入力させ、その地域に近い場所にあるオバマ事務所やホスト役の家に支持者を集める。そのようにして、個々の支持者を結びつけ、草の根運動員の組織化を図った。郵便番号が鍵を握っていた。支持者の名前よりも、いの一番に郵便番号を尋ねてきた時もあった。イベント情報を流す際にも、草の根運動員の自宅から、イベント会場や戸別訪問の拠点となる支持者の家までの距離に応じて、支持者が参加しやすい集会場の情報を優先的に送った。

第二に、オバマは、コミュニティ・オーガナイザーの手法を選挙に応用した。事務所では、戸別訪問の活動を行う前に、集会が開かれ、「ファイヤード・アップ」「レディー・トゥー・ゴー」といった掛け声をかけて、気勢を上げた。草の根運動員は、戸別訪問では、有権者の争点に対する関心についてヒアリング調査を行った。その際、対話や傾聴のスキルを使う。

これは、コミュニティ・オーガナイザーが、地域住民を訪ね、対話と傾聴により問題点やニーズを聞き出す手法と、極めて類似している。さらに、草の根運動員は、有権者の争点に関する関心を汲み上げ、コミュニティ・オーガナイザーは、地域住民の問題点やニーズを取り上げ、双方ともそれらを政策に反映させていく点で、ボトムアップのアプローチをとるという共通点も持っている。

オバマの草の根運動とコミュニティ・オーガナイザーには、選挙における接点も存在した。オバマ草の根運動員は、オバマに投票をする有権者に登録をするように促し、支援した。コミュニティ・オーガナイザーも、選挙の際に登録の仕方を理解していない有権者を助ける。

第三に、オバマは、選挙後、草の根運動員の関心のある争点やそれに対するアイデアを引き出し、ディスカッションを行わせた。その際、あるスキルを応用した。それは、ファシリテーションのスキルであった。ファシリテーターとは、促進者の意味で、会議やチームの中でディスカッションを促進させる役割を果たす。日本企業もファシリテーターのスキルに注目をするようになった。私は、一九九〇年代の後半からこのスキルを日系企業で働く現地社員にどのように応用できるのかを研究してきた。読者の方で、それに興味のある方は、拙書『異文化コラボレーターの仕事』（中央経済社）、『異文化ビジネスハンドブック』（学文社）を参考にして頂きたい。

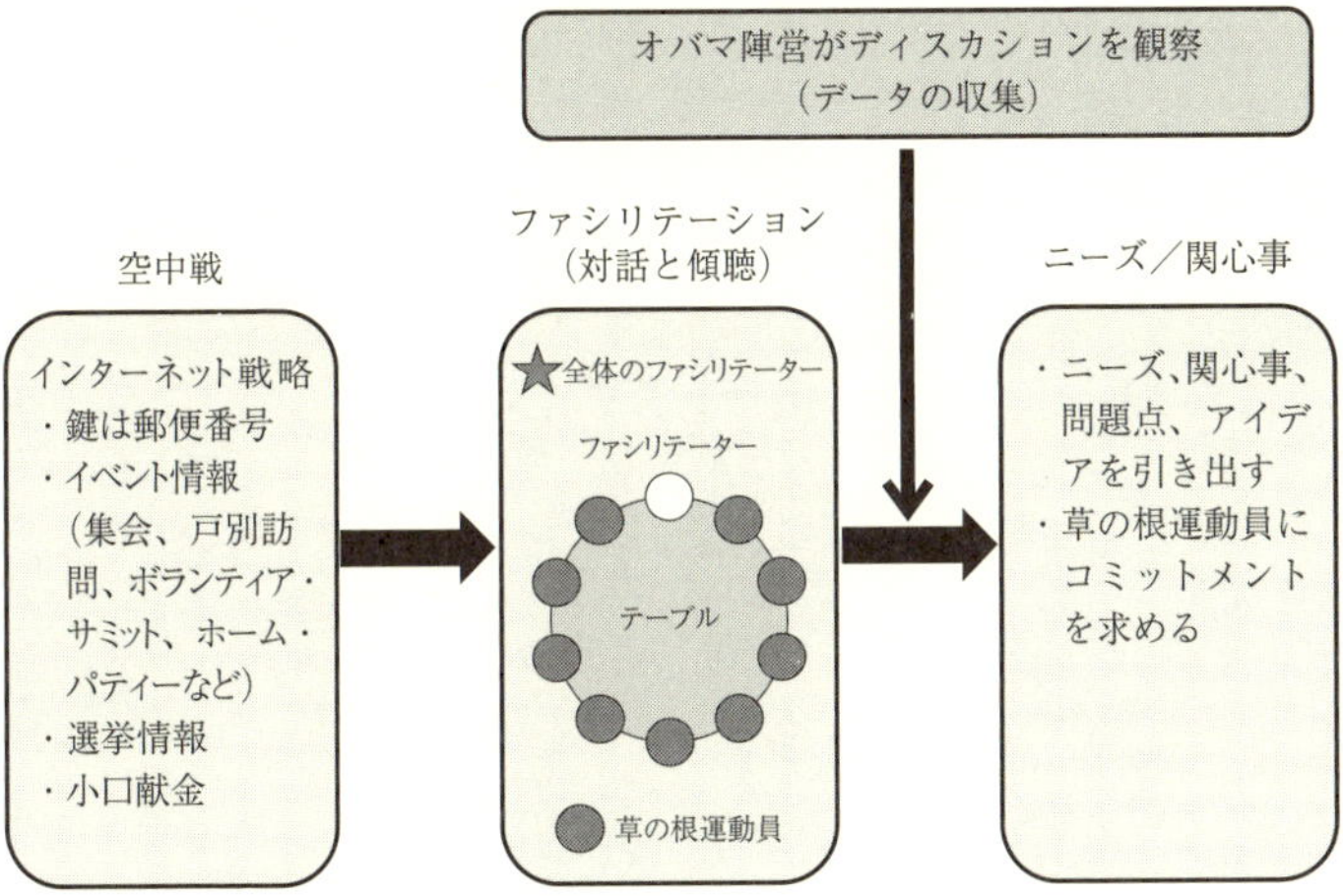

図表4　草の根運動とファシリテーション

オバマ陣営は、右の目的で、ワシントンDCのボランティア・サミットを開いた。インターネットを通じて集めた約一七〇名の草の根運動員を約一〇人のチームに分け、全体のディスカッションを促進していくプロのファシリテーターと、各テーブルにオバマ陣営が送り込んだファシリテーターを一名置いた（図表4）。全体のファシリテーターは、まずディスカッションのルールについて説明をした。オープンに正直に意見を述べること、相手の意見を注意深く、しかも尊敬を示しながら聞くこと、携帯の電源は切り、メッセージをチェックしないことなどを挙げた。しかし、ディスカションの際に、必要な「人と問題を切り離す」点については、説明がなかった。これは、相手を前面否定したり、相手の人格や性格を攻撃するのではなく、問題点を攻めるというルールである。ファシリテーションでは、重要なルールの一つである（上記二著参照）。

全体のファシリテーションを任されたのは、「アメリカ・スピークス」のプロのファシリテーターである。この組織は、四千人のプロのファシリテーターを擁しており、会議、ワークショップ、タウンミーティングにファシリテーターを送るサービスをしている。特に、この「アメリカ・スピークス」のファシリテーターは、有権者と民主党や共和党の政治家をつなぐ役割を果たしている。政治家が有権者を集めて集会を行う際に、ファシリテーションを行うのである。「アメリカ・スピークス」のクライアントには、「クリントン・グローバル・イニシアティブ」があり、クリントン元大統領が主催する教育、気候変動、宗教間の対立、貧困問題などを扱う会議で、ファシリテーションを行っている。

オバマの原点は、コミュニティ・オーガナイザーにあると言われる。彼のリーダーシップスタイルもそこにある。コミュニティ・オーガナイザーは、地域住民を集め、そこでファシリテーションを行い、彼等の関心事やニーズを引き出す役割を果たす。ファシリテーションとは、対話と傾聴である。オバマは、ファシリテーションのスキルを持ったリーダーなのであり、ボトムアップを重視する。有権者の中には、オバマをカリスマ性のあるリーダーだと評する者がいる。ファシリテーション型やボトムアップ型のリーダーは、カリスマ性と相反する。しかし、それらの共存を可能にしているのは、オバマに内在する文化的多様性の存在なのであろう。

これらをまとめてみると、オバマ像が浮かび上がってくる――彼に内在する多様性を武器にして、人種・民族を超えて効果的にコミュニケーションを図ることができ、既存のシステムを応用し有機的に融合し、ユニークなものを創造していく像である。オバマ自身が、人種や民族間のファシリテーター、即ち、異文化ファシリテーターのリーダーである点に注目したい。

オバマは、褐色の色とアフリカ系アメリカ人の容貌をしているが、思考様式と感情においては、プラクティカル（実用的）で冷静さを保つという点で、教育を受けたアングロサクソン系アメリカ人に近い。アメリカン大学ビジネススクールのある教員（白人）は、マケインに投票を決めていたが、彼の大統領演説やディベートにおける感情的な態度を見て、オバマに投票を変えた。周知のように、アングロサクソンの人々は、沈着冷静を重んじる。彼は、肌の色ではなく、マケインよりもオバマに性格面での共通面を見出したのである。

異文化コミュニケーションの研究で有名なアメリカン大学のゲリー・ウィーバーは、オバマの思考様式は、アングロサクソン系アメリカ人のような直線的ではなく、同時進行的であると分析している。直線的な思考様式を持つ人は一時一事主義[注10]で、それに対して、同時進行

思考様式／感情		アイデンティティ	価値観	リーダーシップスタイル
プラクティカル （実用的） 沈着冷静	同時 進行的	ケニアにルーツ 妻はアフリカ系 アメリカ人	アフリカ文化 白人文化 インドネシア文化 アジア系アメリカ文化 太平洋諸島文化	対話 傾聴 促進
アングロサクソン系	非アングロ サクソン系	アフリカ系アメリカ人	多様性	ファシリテーター型

図表５　オバマの次元

的な思考様式をする人は、複数のことを同時進行的に扱う傾向がある。オバマには、実用性と沈着冷静重視のアングロサクソン系および同時進行的といった非アングロサクソン系の双方の思考様式が存在しているのだろう。つまり、オバマを「褐色の肌の色をした白人」とは簡単には言えない。異文化的視点から敢えて表現するならば、「褐色の肌の色をした多文化混在型人間」となるだろう。

　アイデンティティにおいては、ケニアにルーツを求め、アフリカ系アメリカ人を妻に選んだ。価値観に関しては、白人文化を核に持ちながらも、アフリカ系アメリカ文化、インドネシア文化、太平洋諸島文化などの多様な文化的価値観の影響を受けている。また、彼のリーダーシップには、対話や傾聴を重視するファシリテーション型の特徴がみられる（図表５）。

　オバマは、敢えて自分の意見や考え方の異なる閣僚やホワイトハウスのスタッフを起用した。そのメンバーは、経験に富んでいると言われている。このような特徴を備えたチームでは、リーダーのファシリテーションのスキルが鍵を握る。ファシリテーター型のリーダーシップスタイルを持ったオバマは、世界のリーダーに対しても、「グルーバル・ファシリテーター」のような行動をとるのではないだろうか。一極主義の時代では、グルーバル・ファシリテーターの必要性は低かった。しかし、多極化の時代を迎え、その存在意義は一気に増すだろう。

オバマ陣営と多様性戦略

オバマ陣営は、エスニック・グループに焦点を当てた多様性戦略をとってきた。それは、オバマ陣営のスタッフの配置にみることができる（図表6）。

フォールズ・チャーチにあるオバマ事務所には、バージニア州北部に在住するアジア系アメリカ人の票の獲得をミッション（使命）としたチームが存在する。メンバーは、前で紹介したベトネム系アメリカ人のバオ・ニュエン、韓国系アメリカ人のベティ・キム、フィリピン系アメリカ人のジョン・モンタノと三名のアシスタントである。

二〇〇七年のアメリカ全体の人口構成をみると、約三億一六〇〇万人の内、白人が六六・〇

多様性戦略	ポイント
スタッフの配置	特定の人種・民族の有権者に焦点を当てたチームの形成。例えば、アジア系アメリカ人チーム
英語以外の言語を話す草の根運動員の活用	多様な有権者の獲得―ベトナム語、中国語、韓国語、スペイン語は重要な言語
資料やサインを多言語に翻訳	ベトナム語、中国語、韓国語、タイ語、カンボジア語、ヒンドゥー語の資料やサイン
バッジ、バンパーステッカー	オバマを支持するアジア系アメリカ人と太平洋諸島出身者 オバマを支持するフィリピン系アメリカ人 オバマを支持するラテン系アメリカ人等
「文化特定的」戸別訪問	特定の人種・民族のオバマ草の根運動員が、同人種・民族の有権者のみを戸別訪問。例えば、ベトナム系アメリカ人のオバマ支持者が、ベトナム系の有権者を訪問
演説・コメント	演説やコメントの中で「多様性の融合」や「多様性の受容」を強調
オンライン・コミュニケーション	マイノリティが白人に対し自己開示を行い、対等にコミュニケーションができる環境作り

図表6　オバマの多様性戦略

%、次いでヒスパニックが一五・一%、アフリカ系アメリカ人が一三・五%、アジア系アメリカ人が五・〇%、その他が〇・四%になっている。しかし、激戦州の中の重点州であるバージニア州における二〇〇六年の人種構成は、白人に次いで、アフリカ系アメリカ人が一九・九%と多く、ヒスパニックは六・三%、アジア系アメリカ人は四・八%となっており、ヒスパニックの構成比は低い。それに加え、ヒスパニックは、アジア系アメリカ人と比較し、比較的新しい移民であるため、市民権を持たないケースが多い。そこで、接戦となると予測されるバージニア州では、アジア系アメリカ人の票が結果に左右することになる。因みに、フォールズ・チャーチのオバマ事務所では、ヒスパニックの票は、クリスティーナ・チアッペが一人で担当していた。

次に、英語以外の言語を話す草の根運動員の活用である。バオやベティ等は、週末に行われる戸別訪問に向けて、ベトナム系、中国系、韓国系、日系、インド系などのアジア系アメリカ人の草の根運動員をリクルートし、アシスタントを使い訪問先のリストを作成した。草の根の選挙運動に参加することを希望する有権者は、登録用紙に何語を話せるのかを記入した。ベトナム語を話すことができる運動員は、ベトナム系アメリカ人が住んでいる地域で、韓国語を話すことができる運動員は、韓国系アメリカ人が集まっている地域で戸別訪問を行った。

因みに、他の激戦州であるネバダ州、コロラド州、フロリダ州、ニューメキシコ州では、オバマ陣営はスペイン語を話す草の根運動員を活用し、ヒスパニックの有権者の登録者数を増やすことに力を入れた。その結果、二〇〇四年と比較し、ネバダ州では一四四％、コロラド州では三五％、フロリダ州では三四％、ニューメキシコ州では三〇％の登録者数の増加をみている。

ネバダ州では、一六％のヒスパニックの有権者のうち、七八％がオバマを支持した。また、コロラド州では一七％の内七三％が、ニューメキシコ州では四一％の内六九％が、フロリダ州では一四％の内五七％のヒスパニックがオバマを支持した。アメリカ全体の出口調査で、ヒスパニック系の六六％の投票者がオバマに投票し、マケインの三一％を圧倒し、オバマの勝利に貢献した。

また、母国語が英語でない有権者に対する配慮も、肌理細やかであった。たとえば、資料は多言語に翻訳された。フォールズ・チャーチの周辺には、日系アメリカ人のコミュニティはない。そこで、バオは、私にベトナム系アメリカ人のコミュニティでの戸別訪問を依頼してきた。彼は、オバマのアジア系アメリカ人と太平洋諸島出身者を対象とした政策レポートの骨子をベトナム語で一ページにまとめたコピーを私に三〇枚ほど渡し、英語を話すことができないベトナム系アメリカ人の有権者への配布を指示した。実際、戸別訪問をしたベトナム系アメリカ人の高齢の有権者の中には、英語を充分に話せない者もいた。英語を介してのコミュニケーションが機能しない場合、ベトナム語に訳されたオバマの政策のコピーが役に立った。

フォールズ・チャーチの事務所には、ベトナム語以外にも、韓国語、中国語、タイ語の配布物があった。それらに加え、カンボジア語やヒンドゥー語にも訳されている。

オバマ支持者がつける選挙用のバッジや、支持者が車のバンパーに貼るシールにも、多様性が表れていた。アジア系アメリカ人と太平洋出身のオバマ支持者には、「オバマを支持するアジア系アメリカ人と太平洋諸島出身者」と書かれ、それに例の地平線から太陽が昇るイメージのOマークが印刷されたバッチが用意されていた。ベトナム系のオバマ支持者には、第一章で紹介したベトナムの国旗にオバマの顔が印刷されたバッジとベトナム語で「希望」と書かれたバッジの二種類が用意されてあった。これらのバッジは、オバマやマケインのグッズを扱った店では、販売されていない。ジョーは、私がベトナム系アメリカ人の家を訪問する際、これらのバッジを渡した。フィリピン系アメリカ人のジョーは、「オバマを支持するフィリピン系アメリカ人」と印刷されたバッチを好んで付けていた。また、事務所では、アイルランド系アメリカ人の支持者は、緑色のクローバーの葉が印刷されたバッジをつけていた。

アメリカ人は、車のバンパーにスローガンを刷り込んであるシールを好んで貼る。このシールは、「バンパーステッカー」と呼ばれ、選挙戦では武器の一つとして使用される。ワシントンやその近郊では、イラク戦争やブッシュ政権に対する批判のメッセージが印刷されたバンパーステッカーをつけた車が、走っていた。「この終わりのない戦争」「誤った時代の終焉」「まだ二〇〇八年なの」といったメッセージである。「この終わりのない戦争」は、いわゆる出口が見つからないイラク戦争に対する批判である。アメリカ国民の九〇%が、アメリカが間違った方向に進んでいると考えており、正しい方向へ修正する必要性があると強く感じているのである。それが「誤った時代の終焉」というメッセージになったのだろう。「まだ二〇〇八年なの」は、ブッシュ政権を早く終わらせたいという願望である。二〇〇九年一月二〇日に、新しい大統領が誕生する。ブッシュ政権終了までの時間、分、秒を知らせる時計が売れているのは、アメリカ国民の七三％がブッシュ大統領の仕事を是認しておらず、新しい大統領を迎えたいという有権者の気持ちの反映なのだろう。そのような状況で、オバマ陣営の「変革に投票」のメッセージが有権者の支持を得るのは理解できる。

オバマ陣営は、終始一貫して、マケインとブッシュ大統領を結合させ、「マケインはブッシュと同じ」「マケインはブッシュの三期目」というメッセージを、テレビ広告を使い有権者に送り続けた。バンパーステッカーには、「マケイン＝ブッシュの三期目」があった。そのメッセージは、非常に効果的であった。私は通勤の際、ワシントンＤＣにあるマサチューセッツ通りを走る車のバンパーに貼られた「McSame」（マクセイム）というシールを見たことがある。一瞬、マケイン支持者だと思ってしまった。しかし、マケインのスペルは、「McCain」である。「Same」は、同じという意味であるから、反マケインの有権者であった。ブッシュ大統領とマケインは、同じというメッセージを送っていたのである。一〇月八日から同月一一日に実施されたワシントン・ポスト紙とＡＢＣニュース紙による共同世論調査では、マケインは、ブッシュ大統領と同じ方向にアメリカを導くと五一％が回答している。

さらに、オバマ支持者とマケイン支持者のバンパーステッカーの内容を調べてみると、両陣営の相違が明確になる。オバマ支持者のシールには、「オバマを支持するアジア系アメリカ人と太平洋諸島出身者」「オバマを支持するラテン系アメリカ人」「オバマを支持するアフリカ系アメリカ人」「オバマを支持する女性支持者」「オバマを支持する退役軍人」「オバマを支持する無党派」「オバマを支持する共和党支持者」「オバマを支持する同性愛者／女性間の同性愛者／両性に対し性欲を持つ人／性転換者」があり、多様性を反映し重視しているという特徴がある。

因みに、マケインのシールには、「経験」「誠実」「リーダーシップ」「ヒーロー」が印刷されている。マケイン陣営の候補者の人間性を訴える戦略は、従来の大統領選挙で使われてきたという意味で古典的な戦略である。

さらに、言語と多様性に関して言えば、フォールズ・チャーチのオバマ事務所には、「ここで有権者登録ができます」とベトナム語、韓国語、中国語、日本語に訳されたサインが天井から掛けられてあった。これは、多様性戦略の中でも、重要な役割を果たしている。というのは、事務所には、アジアの中の多様性が存在し、日本人の私でさえも受容されているという感覚をもつことができるからである。多様性を構成している地域住民や組織が、そのような感覚をもってこそ、彼等のモチベーションは高まり、多様性は活かされ、存在できるのである。排除の感覚を持たされるような地域や組織では、多様性は活かされていない。多様性には、異なった価値観、ものの見方、考え方に対する受容が伴わなければならないからである。選挙においても有権者の多様性の受容が求められるからである。オバマ陣営はそれを見事に成し遂げた。

バオ等が企画した集会ではアジア系アメリカ人の連合——多人種の連合——ができた。オバマは、多様性を活用した選挙戦略を打った。それは同時に、少数派のアジア系アメリカ人に政治プロセスに参加するドアを開くことになった。これまで、言語や文化の壁を苦に、政治を避けてきたアジア系アメリカ人に、政治プロセスへの参加の機会を提供したのである。それはオバマの貢献の一つである。

オバマ事務所にはアジアの中の多様性に加え、カイルのような白人やヒスパニック、アフリカ系アメリカ人が新たなそれを形成した。彼等は、アメリカの社会に「変革」をもたらすという共通の希望を持っていた。その変革の実現のために、異文化間のコラボレーションを通じて、仕事に取り組んでいた。そのようなオバマ事務所の中には、人種や民族における「多様性の融合」があった。

多様性戦略の鍵は、文化的背景が異なる有権者を受容しているという感覚を与えることである。それは、モチベーションの向上と維持につながるからである。マケイン陣営との選挙に対する情熱のギャップは、ここからも生まれていた。

また、多様性戦略の鍵は、候補者が演説やコメントの中で、「多様性の融合」や「多様性の受容」の重要性を有権者に訴えることである。実際、オバマはそれを実行してきた。

「白人か黒人か、ラテン系アメリカ人か、アジア人か、インディアンか、若者か老人か、民主党か共和党かは関係ない。一つの国家である」

「若者や老人、黒人や白人、ラテン系アメリカ人、アジア人は、私たちを分断した政治にあきあきしている」

「私は、移民は英語を学ぶ必要があると言った。しかし、私たちも外国語を学習する必要がある……私は外国語を話さない。（自分に）当惑してしまう」

オバマは、このようなメッセージを送り続けた。私が戸別訪問を通じて、ヒアリング調査をした限りでは、表現の仕方こそ異なるが、有権者のオバマに対する人種や文化の融合に対する期待は大きい。

●「オバマなら、人種の融合ができると思う」（ウィリアム・ナブル、白人、五〇歳）

●「オバマが人種の融合をしてくれることを願っているわ」（メリサ・ロビンーケサー、白人、四六歳）

●「オバマには文化の融合ができると思う。父親がケニア人だからマイノリティを理解できると思う」（オスカー・ボニア、ニカラグア出身、五四歳）

●「私は、レーガン・デモクラッツ（共和党のレーガン大統領を支持した民主党員）だったの。今、とても後悔しているわ。それ以来、民主党に投票しているの。マイノリティが大統領になる時期がきたと思う。白人ではなく、マイノリティにホワイトハウスを任せたほうがいいと思う。アメリカ社会は分裂しているから。オバマは多様性を理解しているし、普通の人たちにとって近い存在だと思う」（ドロシー・ウィリアム、白人、五三歳）

●「今まで、人種間の憎悪は解決されてこなかった。オバマが大統領になったら、人種問題

が改善すると思う」（エメット・ホルマン、白人、六七歳）

共和党に忠誠心のある有権者からも次のような声を聞くことができた。

- 「私は、共和党支持者だから、マケインに投票するわ。マケインよりも共和党に忠誠心があるの。でもオバマには、人種の融合ができると思う」（モニカ・トラベズ、白人、四一歳）

オバマは、多様な人種・民族の支援により、アメリカ史上初のアフリカ系大統領になった。右のような有権者の期待に答えるには、多様性を考慮に入れた人事や政策が必要になるが、それは一筋縄ではいかないだろう。人種間の公平やバランスが求められるからである。これは、多様性の活用により勝利を修めたオバマの課題でもあり、使命でもある。

オバマ陣営の多様性戦略について、もう一点加えておこう。オバマを支持したアフリカ系アメリカ人、ヒスパニック、アジア系アメリカ人といったマイノリティは、ネット上ならば白人に対し自己開示を行い、対等にコミュニケーションができる。オバマ陣営は、オンライン・コミュニケーションの特性を活かし、マイノリティを巻き込んで行った。それは、今回の大統領選挙においける多様性を促進する結果になった。

以下ではオバマの多様性戦略を、アジア系アメリカ人と太平洋諸島出身者に対する政策を通じて、項を変えて分析してみる。

アジア系アメリカ人と太平洋諸島出身者を対象にしたオバマ政策レポート

オバマは、アジア系アメリカ人と太平洋諸島出身者を対象にした政策レポート――「私達が必要としている変革のためのバラク・オバマの青写真」――を作成し、発表している。アジア系アメリカ人と太平洋諸島出身者に絞った文化特定の政策レポートである。このレポートの冒頭で、オバマは、アジア系アメリカ人と太平洋諸島出身者のリーダーや選挙組織、草の根運動員に感謝の意を表している。

伝統的に小企業の経営者が多いアジア系アメリカ人は、共和党を支持してきた。ところが、オバマ陣営は、「全米アジア系アメリカ人と太平洋諸島出身者」という組織を使い、二〇〇四年の大統領選挙で、ケリー候補（民主党）が獲得した以上のアジア系アメリカ人の票の掘り起こしに取り掛かった。その組織の「投票チーム」のディレクターのチャーメイン・マナンサラによれば、クリントンとゴアが現在のブッシュ大統領の父親を破った一九九二年の大統領選挙では、三一％のアジア系アメリカ人が民主党に投票している。クリントンとゴアが再選した一九九六年の大統領選挙では、四三％のアジア系アメリカ人が民主党に投票しているが、この段階でも半数に満たない。二〇〇〇年のゴアとリーバーマンが立候補をした大統領選挙では、フロリダ州で投票の数え直しが行われ、最終的には最高裁判所の判決にまで至った。この選挙で、五四％のアジア系アメリカ人が民主党に投票をし、その数は半数を超えた。二〇〇四年の大統領選挙では、アジア系アメリカ人の五九％が、出口調査でケリーとエドワーズに投票をした。

また、マナンサラによれば、オバマ陣営は、アジア系アメリカ人の票を獲得するために、第一グループの標的となる州として、フロリダ州、ネバダ州、ペンシルバニア州、ワシントン州、バージニア州を、第二グループに、ミシガン州、ミネソタ州、オレゴン州、オハイオ州を挙げ、二グループに分類している。その一方で、カルフォルニア州、ニューヨーク州、ニュージャージー州、ハワイ州は、アジア系アメリカ人の票を獲得するための激戦州から外している。

アジア系アメリカ人と太平洋諸島出身者を対象にした政策レポートの中で、オバマは、医療費が過去六年間に賃金よりも四倍の値上がりをしたことを指摘し、約二二〇〇万人の医療保険を持っていないアジア系アメリカ人に医療保険を提供することを約束している。また、医療保険の必要性の根拠として、アジア系アメリカ人の男性は白人の男性よりも二倍、アジア系アメリカ人の女性は白人の女性よりも三倍の割合で、胃ガンにかかっていることを示している。さらに、ベトナム系アメリカ人、韓国系アメリカ人、中国系アメリカ人が、白人よりも一三倍、八倍、六倍の割合で肝臓ガンにかかることについても触れている。

教育問題に関しては、大学生に対する学資援助の改革を訴えている。アジア系アメリカ人の大学一年生の四〇％の家庭の収入が四万ドル以下であり、二〇〇〇年以来、家計の収入が低下しており、その結果、アジア系アメリカ人と太平洋諸島出身者の貧困層は一八万人以上に増加している点を指摘している。そのような状況の中で、オバマは、ブリジットやカイルらの若者層にとって魅力のある年間一〇〇時間のコミュニティ・サービスと四〇〇〇ドルの返還の提案を、ここでも強調している。さらに、このオバマ政策レポートは、アジア系アメリカ人が大学において成功している「少数派のモデル」であるというのは、ステレオタイプ（固定観念）であると述べている。その上で、こうしたステレオタイプが広がっている故に、政策決定者がアジア系アメリカ人に対する配慮を怠ってきたと分析している。アジア系アメリカ人の約五〇％がアメリカ以外の国で生まれ、言語や文化の障害が存在しており、その支援を必要としている点にも言及している。

さらに、この政策レポートの中で、オバマはアジア系アメリカ人に対する差別と闘うと誓っている。アジア系アメリカ人が「ガラスの天井」により、昇進昇格ができにくい点や南アジア系アメリカ人がアラブ系と間違えられ、犯罪に巻き込まれるケースを挙げている。後者は、異なった人種や宗教、性志向を持った人に対し偏見を持ち、彼等を憎悪から嫌がらせや破壊行為、傷害や殺人に及ぶ「ヘイト・クライム」を示している。

また、オバマは、小企業への支援を約束している。一例として、ビジネスを立ち上げる際の税金の支払い免除を提案している。現在、アジア系アメリカ人の一一〇万人以上が小企業を経営しており、二〇〇万人以上の雇用があると現状を把握している。

アジアにおける外交政策については、伝統的な二国間から多国間による協働的アプローチを強調している。また、イラクに集中したために、アフガニスタンにおけるアルカイダやタリバンの復活や北朝鮮の核開発を許したように、アジアにおけるアメリカのリーダーシップの空白を創ってしまった点を批判している。

「大統領選挙で、アジア系アメリカ人と太平洋諸島出身者に焦点を当てた政策が発表されることは、歴史的なことです」

フォールズ・チャーチのイートンセンターにあるベトナムレストランで、オバマ支持者と新聞記者や雑誌記者、約五〇名を前に、ベティはオバマがアジア系アメリカ人と太平洋諸島出身者を対象に政策レポートを出したことを発表した。マスコミ関係者は、多様性に富み、「アジアン・フォーチュン」「フューチャー・コリア・ジャーナル」「コリア・デイリー」「世界日報」など、エスニック（民族）系の新聞や雑誌の記者たちであった。

日系の下院議員マイク・ホンダ（民主党・カリフォルニア州）、民主党全国大会でアジア系および太平洋諸島出身者のアメリカ人を対象とした党大会で、議長を務めた中国系アメリカ人のベル・レオン―ホン、「アジア系アメリカ人と太平洋諸島出身者」という組織の全米運営委員会のメンバーであるベトナム系アメリカ人のハング・ニュエンの三名が、ゲストスピーカーとして招かれていた。

私が注目をしたのは、ホンダである。第一に、彼は、日本軍の戦時中における慰安婦問題をアメリカに広く知らしめた議員である。第二に、彼は民主党全国大会でアジア系アメリカ人を対象とした種々のシンポジウムに、ゲストスピーカーとして招かれていたが、そこで、各州の若手のアジア系議員たちやコミュニティのリーダーたちが、彼に挨拶をするのを私は目撃していたからである。ホンダは、ボス的な存在であった。第三に、ホンダは、オバマのためにアジア系アメリカ人の票の獲得に乗り出し、積極的に動いていた。

「ホンダ下院議員、あなたは、オバマのためにアジア系アメリカ人の票を集めていますね。オバマ政権で長官になることに興味があるのですか」

私は、ベトナムレストランに来たホンダが、スタッフから離れて一人になったのをみて、彼にアプローチをして質問をしてみた。

彼は一瞬驚いた表情を見せた。それもそうだろう。オバマの一草の根運動員がするような内容の質問ではなかったからである。

すぐに彼は、私の目の奥をじっと見つめた。どのぐらいか見つめた後、彼はこう答えた。

「私は、教育長官に興味がある。私には教育問題を解決する答えがある」

しかし、オバマの教育問題のアドバイザーは、スタンフォード大学の教授であると指摘すると、ホンダは「リンダだろ」と一言言った。リンダとは、リンダ・ダーリン－ハモンドのことである。

私は、ホンダがかなり意識しているという印象を持った。長官という一つのポジションを巡り、オバマ支持の議員や教育界のリーダーとの間に、競争があった。因みに、ダーリン－ハモンドを教育長官に押す請願書の運動が教育関係者から起こったが、彼女もホンダも教育長官にはなれなかった。

彼は、英語を介せずアメリカ文化のバックグラウンドのない移民の教育問題を解決したいと語った。私がアジア系アメリカ人の大学生は、勤勉で優秀ではないかと述べると、「それはステレオタイプだ」とホンダは切り返した。彼の回答は、アジア系アメリカ人と太平洋諸島出身者を対象にしたオバマの政策レポートの内容と類似していた。ホンダに関係のある政策グループが関与していたのだろう。

スタッフがホンダを呼びに来た。ここで彼と私の会話は終わった。

ホンダは、演説の中で「彼（オバマ）は、コミュニティ・オーガナイザーを通じて、自己を発見した。私は、平和部隊に参加することによって、自分が何者であるかを発見した」と語り、オバマの考え方に同感すると述べた。さらに、「ペンシルバニア通り一六〇〇（ホワイト・ハウスの住所）を私たちのような人が住むことを祈っている」と言い、オバマ支持を訴えた。「私たちのような人」とは、非白人を示唆しているのだろう。

演説後、ある記者がしたアジア系アメリカ人にとって、最も重要な問題はという質問に対して、ホンダは「教育問題」と回答した。

また、フィルムを作成しているという韓国系アメリカ人の女性がホンダに次のような質問をした。

「日本軍の慰安婦問題について、オバマと語たりましたか」

「まだ慰安婦問題について、バラク（オバマ）と語っていないが、考えたことはある」

ホンダは、こう答えた。

質問をした韓国系アメリカ人の女性は、慰安婦問題に関するフィルムを作成すると言う。民主党全国大会でのシンポジウムやアジア系アメリカ人と太平洋諸島出身者のオバマ支持者の草の根運動から日米関係を語るのは、笑うべき短見との誹りを脱がれないだろうが、敢えて言うならば、オバマ政権での日米関係は、ホンダとの関係作りが重要ではないだろうか。私が観察した限りでは、慰安婦問題は、再燃する可能性があるからである。

多様性戦略と多少ズレてしまった観があるので、もう一度それに戻そう。

オバマ陣営は、アラブ系アメリカ人の支持者に、オバマと妻のミシェル、副大統領候補のバイデンと妻のジルの連名で、ラマダンが幸せと健康をもたらすことを祈るという内容のメールを送っている。オバマは、一九六七年にイスラム教徒の多いインドネシアに移り、一九七〇年にハワイに戻った。インドネシアでの生活は、年齢にすると、六歳から一〇歳の間であった。その間、オバマは現地の学校に通学し、異文化を学んだ。その影響か、キリスト教徒であるオバマは、他の宗教に対しても寛大で理解を示している。

マクリーンにあるオバマ事務所には、イラク人、ヨルダン人、パレスチナ人、エジプト人などのアラブ系アメリカ人の支持者が集まり、オバマ支持要請の電話を、アラブ系アメリカ人の有権者にかけた。フォールズ・チャーチのオバマ事務所には、「オバマを支持するアラブ系アメリカ人」という看板が机の上に置かれ、ユダヤ系アメリカ人の支持者に訴えた「イエス・ウイ・キャン」のヘブライ語版の看板が壁に貼られてあった。オバマ陣営は、アラブ系とユダヤ系の双方の有権者を選挙活動に巻き込んでいたのである。

オバマ自身が、他の宗教に対し理解があるのに対し、ミシガン州のスタッフは、集会でオバマの後ろに座ったイスラム教徒の支持者たちを移動させた。彼女たちは、スカーフをし、カメラに映る位置に座っていたからである。有権者の中には、オバマがイスラム教徒であると信じている者がおり、また、そのような噂を、インターネットを使って流す反オバマ派がいるため、スタッフは、過敏になっていたようだ。オバマ陣営は、即座にこのイスラム教徒たちに謝罪をした。

オバマは、価値観や考え方、信念が異なる相手とも対話をすることを好む。そのような態度や姿勢がなければ、多様性を活かした選挙戦略は打てない。敵との対話も望む。オバマの多様性を受容し、対話を通じて橋を架ける態度や姿勢は、二〇〇四年の大統領選挙でケリー候補（民主党）ができなかったことを可能にした。ケリーができなかったこと――それは、ブッシュ大統領を支えたキリスト教右派のエバンジェリカル（福音派）の切り崩しであった。

投票まで一か月を切った一〇月六日、私はバージニア州アレキサンドリアにある神学校にいた。オバマ陣営は、エバンジェリカルでオバマ支持を表明しているドナルド・ミラーを招いたからである。ミラーは、ニューヨーク・タイムズのベストセラーとなった「ブルー・ライク・ジャズ」の著者である。彼の講演に、ペンシルバニア州からこのためにわざわざ車で駆け付けた若者たちもいた。参加者には、若者が目立った。ミラーは、若者に人気のあるエバンジェリカルである。

ミラーは、講演の中で、神による創造説に対し、エバンジェリカルの世代間に価値観の相違があることを指摘した。彼によれば、エバンジェリカルの若者の中には、神による創造説に対し、疑問を抱く者がいる。オバマ陣営は、この疑問を抱くエバンジェリカルの若者層を巻き込む戦略をとったのである。

「私がオバマを支持するに至った理由は、彼が父親の不在のもとに育ったことについて語った演説に心を動かされたからです。彼の祖父は、メンターの役割をしていたのです」

メンターとは、師や助言者を指す。心理的サポートやキャリアアップのための助言を行う。助言を受ける人は、プロテジェと呼ばれる。一般に、メンターとプロテジェとの間には、経験や年齢差がある。

余談になるが、アメリカや日本企業の中には、人材開発のために、メンタリングのプログラムを導入している企業がある。人事が意図的・人工的に社内にメンターとプロテジェの組み合わせと作り、特に若手や管理職の人材開発に活用している。メンタリングは、企業が重視する価値観や考え方、信念、哲学といった組織DNAを伝授させたり、浸透させる際にも、効果を発揮する（拙著『組織文化のイノベーション』同文舘参照）

ミラーは、アメリカ社会における犯罪、一〇代の妊娠、麻薬の使用、高校生の退学、妊娠人工中絶、離婚を減少させるために、教会とコラボレーションをして、メンタリングのプログラムを立ち上げた。このプロジェクトは、一〇〇〇の教会を通じて、一万人のメンターを探し、父親が不在の一万人の子供とペアーを組ませ、メンターがそのような子供たちに心理的サポートや助言を与えるというものである。現在、オレゴン州ポートランドにある教会を中心に全米の六つの教会で、メンタリングのプロジェクトを実施している。このプロジェクトを維持していくために、月に個人から五ドルの献金を募っている。

「政府は、犯罪や一〇代の妊娠など、アメリカ社会が病んでいる問題を解決することはできません」

この発想は、オバマが二〇代に職として選んだコミュニティ・オーガナイザーの発想と類似している。

「父親のいない子供にメンターがいれば、その子供の人生に変革が起きるのです。……メンタリングのプログラムは、アメリカの未来を築くのです」

メンターが語るストーリーには、価値観や考え方、信念が含まれている。ミラーは、ストーリーテリングの力を信じているのだろう。

私が注目したのは、ミラーのみではなかった。この講演では、シカゴのオバマの本部にある宗教問題を担当する部署のディレクターを務めるジョシュア・デュボアーが、ミラーを紹介した。オバマ陣営は、宗教問題を担当する部署を設置し、インターネットや講演を通じて若者層とこの問題について語ってきた。ミラーの講演と質疑応答が終了した後、私はデュボアーに近づき、宗教問題を担当する部署の役割について、確認の意味で質問をした。

「その通りです。二〇〇四年の大統領選挙では、宗教担当の部署は、ケリー陣営にはありませんでした。ミラーが説明した神による創造説に対し、疑問を抱いたり、不快を示す二〇代、三〇代のエバンジェリカルの若者を獲得する狙いがあるのです」

八月にオバマが、エバンジェリカルのリック・ウォレン牧師との対話に応じたのもその一例である。「フューチャー・コリア・ジャーナル」誌のサン・ミン・リー記者が、妊娠人工中絶と同性の結婚に反対する韓国系アメリカ人のエバンジェリカルが、今回の大統領選挙では「信仰」とオバマが提案する「経済・教育・移民政策」の狭間で、ジレンマを抱いていると私に語ってくれた。オバマ陣営は、ヒスパニック系のエバンジェリカルにもアプローチをしている。その結果、二〇〇四年、ヒスパニック系のエバンジェリカルの六〇％がブッシュ大統領に投票したが、今回の選挙では四五％がマケインに投票したのみであった。

オバマ選挙戦略とブラッドリー効果

第一章でブラッドリー効果について説明したが、オバマの選挙マネジャーのプラウフは、「隠された人種差別が投票データを歪曲するというのは、ばかげている」とブラッドリー効果を否定している。選挙参謀のアクセルロッドは、「もしこの選挙で勝たなかったとしても、人種が原因ではない」とコメントをしている。しかし、政治記者の中には、オバマ陣営は、副大統領候補のバイデンとヒラリーを、白人労働者が多いペンシルバニア州スクラントンなど、ブラッドリー効果が発生しやすい地域に送り遊説していると指摘する者もいる。

オバマ選挙とブラッドリー効果を、心理学的視点から述べるならば、予備選挙での党員集会との関係を分析すると良い。オバマは予備選挙で、何故、党員集会に強かったのか。結論から言うと、党員集会では、ブラッドリー効果が機能しにくいからである。

アイオワ州の党員集会に参加したマリー・チャーベイが、その様子を語ってくれた。

「アイオワ州のトレドという人口二五〇〇人の市にある中学校の一室に集まりました。この一室で第一回目の投票が行われました。部屋の中で、オバマ、ヒラリー、エドワードと決めかねている党員に分かれたのです。私は、六人の決めかねている党員をオバマ側に付くように説得しました。『オバマは、子育てを政府に期待するなと言っている。親は親でなければならない。あなたが、自分の子供を育てなければならない。子育てを放棄する親になってはいけない』と、説得をしたのです。その後、二回目の投票が行われ、それぞれの支持者が部屋の隅に集まったのです……」

第一に、彼女は、オバマの言葉を使って、説得に当たっている。オバマの思想が浸透しているチャーベイの説得には、パワーがあったのだろう。

第二に、党員集会は、投票場へ行きカーテンの中で、コンピューターのスクリーンにリストされている候補者を、秘密裡にタッチングして、投票するものではない。また、カーテンの中で、投票用紙に秘密裡に候補者の名前を記入するものでもない。このような投票方法の下では、人種差別者だとレッテルを貼られたくないために、本心を隠し、アフリカ系アメリカ人の候補者に投票すると世論調査員や知人たちに語っていた白人の有権者は、カーテンの中で白人の候補者に投票ができるのである。

しかし、党員集会では、偏見をみられないように行動することは難しい。他の党員の目があるからである。アフリカ系アメリカ人の候補者に投票すると宣言すれば、それに沿った投票行動をするように、心理的な集団圧力がかかるからである。つまり、そこには集団力学が働くのである。人種差別には、巧妙な差別がある。公では、他者に気づかれないように、人種差別者でないような行動をしながら、他者の目の行き届かないところでは差別的な行動をする。たとえば、公では障害者に優しい態度を示し、他者の目がいかない場所では、差別的な行動をとる。パーティで、本心は不快であるが、それを隠しながら少数派と会話をする。党員集会は、集団力学が作用する中で、候補者を決定していくシステムなので、ブラッドリー効果が機能しにくい。これは、オバマに有利に働いたのである。

第三に、異文化的な視点から述べると、オバマ陣営が、ブラッドリー効果が働きにくい若者層に焦点を当てたことが挙げられる。白人のカイルやブリジットは、肌の色で候補者を決めていない。オバマのメッセージや政策により、彼を支持している。私は、彼等がアフリカ系アメリカ人やアジア系アメリカ人と協働しながら、戸別運動や有権者登録者、電話による支持要請を進めてきたのを観察している。異文化に対し柔軟な世代なのである。この世代にターゲットを当てたオバマ陣営は正解であった。

第四に、第一章で説明したように、草の根運動においても白人の運動員が白人を説得し、アフリカ系アメリカ人の大統領を受け入れる土壌づくりをして行ったのも、ブラッドリー効果を抑える役割を果たしただろう。

第五に、九月中旬から始まった金融危機により、経済問題の一点に焦点が当たり、人種問題について語られなくなった。ブラッドリー効果に関する話題がマスコミで取り上げられたこともあったが、金融危機の影響を受けた有権者は、肌の色を超えて、経済問題を解決してくれる候補者に魅力を感じるように変化していった。

第一章で紹介したワイルダーの知事選挙に参加したケビン・ブーカーは、ブラッドリー効果について次のように語った。

「ブラッドリー効果とか、ワイルダー効果とか言いますが、逆に白人の中には、白人というステータスが邪魔をして、アフリカ系アメリカ人に投票をすると言えない人たちもいるのです。『ステータスに伴う不安』を抱えている有権者です。彼等は、投票日にアフリカ系アメリカ人に投票をするのです」

ブーカーの議論が正しければ、今回の選挙でも、白人のマケインに投票すると宣言をしておきながら、金融危機と「ステータスに伴う不安」の双方から、オバマに投票した白人がいるのかもしれない。

オバマを支援するアジア系アメリカ人の集会

金融危機が発生した頃から、バオやベティは、本格的にアジア系アメリカ人のオバマ支持者をフォールズ・チャーチにある事務所に集め始めた。週末には集会を開き、戸別訪問を展開し、平日も実施していった。ベトナム系、韓国系、中国系、日系、フィリピン系、インド系などのアジア系アメリカ人が、事務所に約一〇〇名集まったこともある。その日は、メリーランド州の地方議員で副院内幹事を務めるスーザン・リーが「デンバーでの民主党全国大会は、最も多様性のある大会だった」と挨拶をし、共和党とは異なることを強調した。また、ベトナム系アメリカ人のハング・ニュエンが、オバマの合言葉である「ファイアード・アップ（熱くなっているか）。レディ・トゥー・ゴー（発射準備完了）」と掛け声をかけ、戸別訪問に出発した。それは「出陣式」だった。

このような集会が、毎週のように開かれた。そういえば、ベトナム系アメリカ人のバオもアジア系のオバマ支持者を集めた集会で、演説をしたことがあった。

「私の親は、ベトナムからの難民です。家族で私だけが大学に行くことができました。私は、難民を助ける仕事をしたいのです」

演説の後、バオが私に尋ねた。

「モトオ、ぼくのスピーチに感動したか」

おそらく、バオの両親は助けが必要だったのだろう。

「感動した」

バオの笑顔をみると、私は自分がアジア人であることを認識させられた。

アジア系アメリカ人の有権者を対象とした集会では、結局、三人の日系アメリカ人と会ったのみであった。参加した他の人種と比較すると日系ははるかに少数派であった。投票の一カ月前の一〇月に入ると、フィールド・コーディネーターたちはリクルートをしなくても、アジア系アメリカ人を含めたオバマ草の根運動員の志願者が津波のように事務所に押し寄せ、その対応にバオ等は追われていた。その中には、アメリカ史上、歴史的な大統領選挙に一度でいいから参加してみようと思い、事務所に来た支持者も少なくなかっただろう。

「夏の間はリクルートが大変だったけれど、もうモトオが来なくても、人が集まるようになったよ」

一〇月に入り、フィリピン系アメリカ人のスタッフのジョーがこうこぼしたことがあった。事務所の中では、草の根運動の参加希望者を収容できず、脇に大きなテントを張った。そこでも場所が足りず、事務所の駐車場で、戸別訪問の説明会を行うこともあった。エドは、同じ日に四回、戸別訪問について声をからしながら、決めかねている有権者にどのように対応したらよいのか説明をしていた。彼の答えは、「対話」であった。この辺のところは、第五章でも述べてみることにする。

一〇月六日に発表された全国アジア系アメリカ人調査によれば、アジア系アメリカ人の四一%がオバマを、二四%がマケインを支持している。また、激戦州では、オバマが四三%で、二二%のマケインを二一ポイントもリードしている。シカゴのオバマ本部から応援に来ていた韓国系アメリカ人のベティは、挨拶の度に、この数字を用いてアジア系アメリカ人のオバマ支持者のモチベーションを高めた。その度に、アジア系アメリカ人の草の根運動員は、自分たちの運動の成果が出ていると思うようになった。

「皆さん、投票まであと四週間です。これから四〇〇〇件のドアを叩きます。一週間に一〇〇〇件が目標です」

ベティの声が高まった。

(注)

1　バラク・オバマ、白倉三紀子／木内裕也訳（二〇〇七）『マイ・ドリーム』ダイヤモンド社、p.34.
2　オバマ、白倉／木内訳、p.22.
3　安藤清志、石口彰、高橋晃、浜村良久、藤井輝男、八木保樹、山田一之、渡辺正孝、重野純著、重野純編『心理学』（二〇〇七）新曜社、p.185.
4　二〇〇八年一一月八—九日に、アメリカン大学異文化マネジメント研究所で行われたミシェル・ルバロンによるワークショップに拠る。タイトルは、Negotiation and dialogue across cultures.

5 オバマ、白倉／木内訳、p.134.

6 Saltzman, C. E. (1986). "One hundred and fifty-percent persons: Models for orientating international students." In R. M. Page (Ed.). *Cross-cultural orientation: New conceptualizations and applications* (pp.287-268). Lanham, MD: University Press of America.

7 Janis, I. (1982). *Groupthink: Psychological studies of policy decisions and fiascoes*. Stamford, CT: Cengage Learning.

8 Adler, N. J. (2007). *International dimensions of organizational behavior*. Stamford, CT: Cengage Learning.

9 Lizza, R. Making it: How Barack Obama learned to be a pol. *The New Yorker*, July 21, 2008, 48-65.

10 異文化では、段階的な思考様式を示す。

第三章★オバマ支持者対ヒラリー支持者

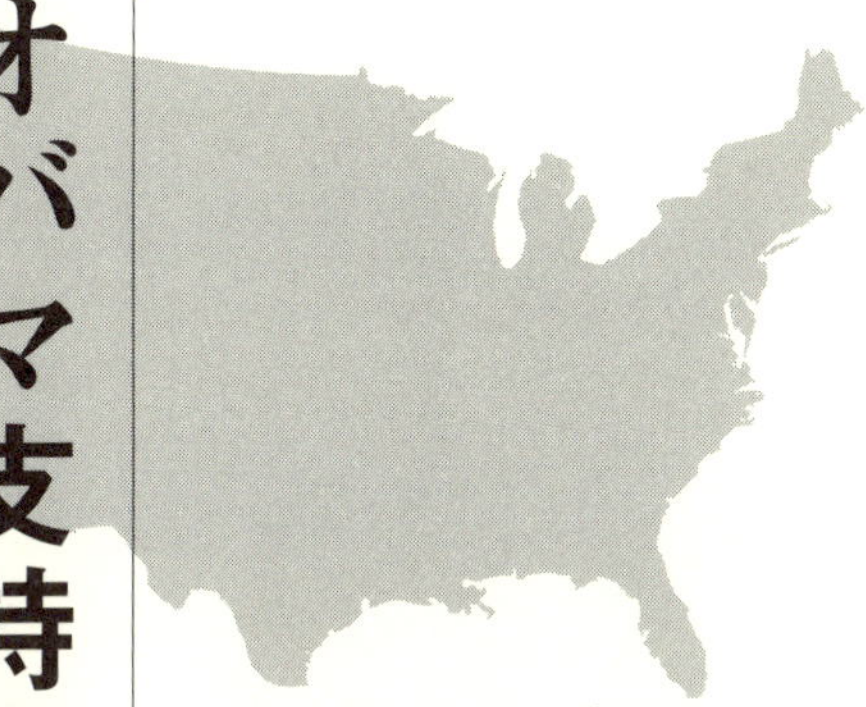

ファイアード・アップ（熱くなっているのか）
レディ・トゥー・ゴー（発射準備完了）

オバマの支持団体――「ワシントンDCに民主主義を」

二〇〇八年五月三日、ワシントン市内にあるコロンビア特別区大学（通称UDC）の講堂で、八月にコロラド州デンバーで開かれる民主党全国大会に向け、ワシントンDCの民主党大会が開催された。そこで、あるハプニングが起きた。

アフリカ系アメリカ人のエリナー・ホルメス・ノートン代議員が、演説の中でオバマ支持を表明すると、ヒラリーの支持者の一人が、ヒラリーと書かれた看板を持って、演台の下に行き叫び始めたのだ。

「ヒラリー」「ヒラリー」「ヒラリー」…

彼女の声に続いて、党大会に参加しているヒラリーの支持者の党員たちが、同じようにヒラリー支持の声を上げた。

「ヒラリー」「ヒラリー」「ヒラリー」…

「現実を知れよ。予備選挙ではワシントンDCの七六％がオバマに投票したんだ」

私の横に座っていたジェシー・ローベルがつぶやいた。会場のオバマ支持者の党員からは、「もう充分だ」「やめろ」といった声が上がる。このような状況に油をそそいだのは、議長の席の隣にいたアフリカ系アメリカ人の党員だった。彼女は、オバマと印刷された看板を取り出し、左右に振り、会場にいる党員を煽ったのだった。

「オバマ」「オバマ」「オバマ」「オバマ」「オバマ」……

「ヒラリー」「ヒラリー」「ヒラリー」「ヒラリー」「ヒラリー」……

「あの議長は、オバマを支持するのか、ヒラリーを支持するのか、態度をはっきりさせていないんだ。皆にいい顔をしているのさ」

ジェシーが私に語った。

民主党の予備選挙でオバマとヒラリーのデッドヒートが繰り返される中、民主党全国委員長のハワード・ディーンは、「党を統一しなければ、民主党は本選挙で敗れるだろう」と警告を発している。まさに、その懸念された状態がワシントンＤＣの民主党大会で起きたのである。

アメリカの首都ワシントンＤＣ。人口約六〇万人。納税者は、連邦税を支払っているのにも関わらず、制度上、連邦上院議員と連邦下院議員は存在しない。そのため、住民の声が反映されていないと主張する政治団体がある。それが、「ワシントンＤＣに民主主義を」という団体である。二〇〇四年に設立。約二千人のメンバーが所属している。現在、ノートンが代議員として、連邦議会に参加しているが、投票権を与えられていない。そこで、この政治団体は、投票権の獲得を目指している。

ジェシーは、この団体のメンバーであり、肩書はオンブズマン（行政監察官）となっている。ワシントンＤＣの住民の苦情の聞き取りを行い、政治的解決を探る。また、選挙では区議会議員から大統領まで支持し、特定の立候補者に、団体を通じて政治献金を行う。ワシントンＤＣ内のみならず、隣のバージニア州で立候補をしている議員の支援活動も行っている。民主党の予備選および本選挙では、オバマ支持を表明した。「ワシントンＤＣに民主主義を」の代表は、スリランカ系アメリカ人のケーシュ・ラドゥワヘティである。

毎月一回、ミーティングが開かれる。ジェシーとケーシュに誘われて、ワシントンDCのUストリートにある「ベンズ・チリ・ボウル」というワシントニアンに有名なホットドッグを専門としたレストランでミーティングに参加したことがある。この店は、Uストリートの他には、大リーグのワシントン・ナショナルズの野球場にあるのみである。チリソースがかかったホットドッグでワシントニアンに親しまれてきた。Uストリートには、ジャズの愛好家も集まる。オバマの誕生会が開かれたのも、Uストリートにある「ローカル一六」だった。

このミーティングでは、どのようにして団体としてオバマの選挙戦とかかわっていくのかについて議論が交わされた。皮肉にも壁にヒラリーと店のオーナーらしき人の写真が掛けられてあった。彼女がアフリカ系アメリカ人と親交を深めていたことが分かった。オバマもベンズ・チリ・ボウルで、ワシントンDCのエイドリアン・フェンティ市長と昼食をしている。

ケーシュ等は、アフリカ系アメリカ人が多数派であるワシントンDCでは、選挙活動を行わなくても、オバマが勝利をする確立が非常に高いことを理由に、激戦州であるバージニア州に狙いを定めた。その結果、団体で四七九九件の戸別訪問をした。

五月三一日、ワシントンにあるマリオット・ウォードマン・パークホテルにヒラリーの支持者が集まり、民主党幹部に対し抗議集会を開いた。ここで、ミシガン州とフロリダ州の票の扱いについて、民主党の党規委員会が公聴会を開き協議することになっていたからである。予備選挙ではミシガン州とフロリダ州は、民主党本部のルールに反して、選挙を前倒しして実施したため、両州の票は認められていなかった。しかし、ヒラリーは、両州で選挙活動を行い、勝利をした。一方、オバマは、民主党本部が承認していない両州の予備選挙では選挙活動を行っていなかった。その結果、投票用紙にはオバマの名前はなかった。

このような状況で、投票が実施されたのである。ヒラリーは、ミシガン州とフロリダ州の票を数えることを訴え続けた。それが、彼女にとってオバマを破る可能性を作る唯一の道であったからである。それに対し、民主党本部は、「ゲーム（選挙）の途中で、ルールを変えることはできない」とヒラリーと彼女の支持者たちの主張を退けてきた。しかし、民主党内には、党の分裂は一一月の本選挙で共和党に有利に働くという懸念も強まっていた。民主党本部は、この問題を回避できない状況に迫られていたのである。

「ワシントンDCに民主主義を」のメンバーもこの公聴会に注目し、ホテルに駆け付けた。因みに、公聴会のチケットはインターネットで予約をするのだが、全てのチケットが数分で無くなってしまった。「ワシントンDCに民主主義を」のメンバーでは、代表のケーシュやジェシー等、数人がチケットを入手したのみであった。ホテルの外では、ヒラリーの支持者たちが、ホテルに入って行く民主党本部や公聴会に参加するメンバーに向って、叫んでいた。

「全ての票を数えろ」

「今、ミシガン州とフロリダ州の票を数えろ」

「四八州ではなく、五〇州だ」

「フロリダ州の票を数えて、尊重せよ」

「何が欲しいのか」

「民主主義だ」

「いつ欲しいのか」

「今だ」

「私は、一八歳になって初めて投票をしたの。私の初めての投票を数に入れて」

小学生高学年か中学生と思われる白人の男の子が、ヒラリーの看板を上下に振りながら、「今、全ての票を数えろ」と真顔で訴え、政治プロセスに参加していたことは、印象に残っている。また、オバマの支持者と相違がある点にも気付いた。この集会を見た限りだが、白人が支配的で多様性に欠けているという点である。どちらかと言えば、若者よりも年配の、アフリカ系アメリカ人よりも白人の、男性よりも女性の支持者が目立った。彼女たちは、典型的なヒラリーの支持層とマスコミで報じられている人々である。

結局、民主党の党規委員会は、オバマとヒラリーでミシガン州とフロリダ州の票を折半することでこの問題に決着をつけることにした。しかし、その解決策は、ヒラリー支持者にしこりを残すことになり、ヒラリーとその背後にいる一八〇〇万人の支持者をどのように扱うのかという新たな問題をオバマ陣営に突きつけた。

六月七日、ヒラリーは、ワシントンＤＣで予備選挙からの撤退宣言を行った。会場となった建物の周りを支持者たちが長い列を作り囲んだ。建物の横にある庭では、ヒラリーのＴシヤツが五ドルで売られていた。通常の価格は、一〇ドルから一五ドルの間である。会場に入る入口に設置された金属探知機を通らなければならないが、ここで支持者たちが会場内に持ち込もうとしたヒラリーの看板は、全て回収された。今日は、選挙活動ではなく、撤退表明であるという明確なメッセージを支持者たちに送っていた。

この演説は、おそらくこれまでのヒラリーの演説の中で最も重要な演説になるだろうと言われた。夫のビル・クリントン元大統領、娘のチェルシーに加え、母親のドロシーも姿を見せた。会場にいる支持者のほとんどが白人であるにも関わらず、カメラが撮影する位置に、アフリカ系アメリカ人の支持者を座らせていた。

ここでヒラリーは、一八〇〇万人の支持者が「ガラスの天井」にヒビを入れたと演説をした。この時、私の右側に立っていたヒラリーの支持者が、右耳の鼓膜が破れそうなほど、力強い拍手をした。演説の中で、オバマの名前が出るまで約三〇分かかった。「オバマ……」という声が流れた時、会場の二階のバルコニーからブーイングが挙がった。翌日、保守的なテレビ番組である「フォックス・ニュース・サンデー」は、親指を下に下げ、「不承認」のサインをしている支持者たちを映し出した。それは、オバマ支持者とヒラリー支持者の関係修復が、容易にはいかないことを示していた。

その二階のバルコニーに私もいた。そこでヒラリーの支持者の一つを成す「白人労働者」

の一面に触れた。私がバルコニーの後方から写真を撮ろうとカメラを高く上げた時のことである。

「おい、俺の女房だぞ（ヘイ・マイ・ワイフ」。

威嚇的な声がした。私の横にいた男性がこちらを睨んでいる。私には触れたという感覚がなかったが、どうも腕が私の前にいたこの男性の妻に触れたみたいだった。私は、即座に謝った。

予備選挙でヒラリーが白人労働者の票を取り、オバマはこの層の支持を得ることができなかった。新聞や雑誌で「白人労働者」という活字には幾度となく触れてきたが、実際にその生身の白人労働者のラフな一面を見て、ヒラリーはこういう人々に支持を得てきたのだなという実感を得た。ヒラリーを支持してきた白人の労働者と接することができたからである。

ヒラリーが撤退表明をした翌週、早速、オバマ陣営は、バージニア州ボールストンのモールの中にある「バリーズ・パブ・アンド・グリル」に支持者を集めて集会を開いた。ヒラリー撤退後とあって、一〇〇名近い支持者がレストランを埋めた。そこで、オバマの草の根部隊を動かすフィールド・コーディネーターの一人が、「ヒラリーの支持者と対話をしてください」「ヒラリーの支持者を私たちの集会に招きましょう」と訴えた。明らかにオバマの本部からの指示であった。

オバマ陣営は、対話や傾聴を好む。ブリジットもカイルも口癖のように次のように言っていた。

「私たちと異なった考えをしている有権者と対話をしてください」

「私たちと考えが異なる人たちを、会話に引き込んでください」

「私たちと考えの違う有権者の話に耳を傾けてください」

私は、これもオバマ本部からの指示であるとみている。

オバマ陣営の〝M&A（合併・買収）〟

ヒラリーの撤退表明により、オバマ陣営のヒラリー陣営に対する〝M&A（合併・買収）〟

が始まった。しかし、先週までライバルだった一八〇〇万人のヒラリー支持者を、オバマ陣営に引き入れることは並大抵なことではない。ブリジットやカイルは、対話と傾聴を通じてヒラリー支持者をオバマ陣営に引き入れるように、草の根運動員に話すが、それは簡単なことではなかった。その一例を紹介しよう。

アメリカの五〇州に三〇一の支部を持つ「ドリンキング・リベラリー」という組織がある。この「リベラル」には、「たっぷり」と「自由に」の二つの意味が重なり合っている。お酒をたっぷりのみながら、自由に語り合うクラブである。ワシントンDCでは、毎週木曜日にデュポンサークルからコネチカット通りを北に数ブロック歩いたところにある「ティンバー・レイクス」というレストランで会合が開かれる。ワシントンDCの代表は、アイルランド系アメリカ人のキース・アイビーである。キースは「ワシントンDCに民主主義を」のメンバーでもあり、前で紹介したケーシュやジェシーもこのクラブに属している。ゲストスピーカーを呼んでいる場合は別だが、普通の会には、毎週、約二〇名ほどが参加する。「自由に語る」内容は、一〇〇%が政治の話である。私が観察したところによると、この組織のメンバーの特徴は、リベラル色が強く、共和党保守派を嫌い、フォックス・ニュースは共和党のプロパガンダとみなし見ることさえしない。大統領選挙では、オバマを支持し、反ヒラリー色が強い。

ヒラリーの撤退表明後、バージニア州マクリーン在住のマーシャ・ウッズという年配の女性（白人）が、ヒラリーとオバマの両方のバッジをつけてこの会合に参加した。「ガラスの天井にヒビを入れた」一人である。

「ようこそ、ドリンキング・リベラリーに」

キースがマーシャに話かけた。

和やかな雰囲気で飲食をしていたが、マーシャのある発言からムードが一転した。彼女は、ヒラリーが敗れたのは、性差別が原因であることと、ヒラリーには経験があることの二点を主張した。この発言をきっかけに、メンバーの一人が、マーシャを攻撃し始めた。

「ヒラリーに反対する人は、全て性差別者か」

他のメンバーがたたみかける。

「ヒラリーは、経験があるというけれど、バイデンや他の候補者と比べて、彼女は経験があるとはいえない」

私の前に座っていたマーシャは、目をつぶったり開けたりしながら、必死にヒラリーをディフェンスした。

「私は、メディアが性差別だと言っているの」

私が観察していて、気のどくに思った程だった。せっかく、ヒラリー支持者がこの会合に参加しているのだから、オバマ陣営が強調しているように、対話と傾聴をもってマーシャに接するべきである。同時に、オバマ陣営とヒラリー陣営の溝は深く、統一は容易ではないというのが私の率直な感想だった。

驚いたことに、マーシャは、翌週もこの会合に出席した。彼女の服には、オバマとヒラリーのバッジはなかった。

「マーシャは、オバマに投票することに決めたの」

私の問いにマーシャは答えた。

「そういうことになると思う」

あまり積極的な回答ではなかった。

ニューハンプシャー州に「ユニティー」という街がある。二〇〇八年一月に行われた予備選挙で、州全体ではヒラリーが勝利をしたが、「ユニティー」では互角、双方が一〇七票を分け合った。六月、ヒラリー陣営とオバマ陣営は、この「ユニティー」を選び、和解のセレモニーを開いた。「ユニティー（統一）」というこの地の名前を借りて、両陣営の統一を内外に示したのである。

ヒラリーは、予備選挙を戦い、負債をおった。そこで、オバマは、法律で定められた個人献金の最高額である二三〇〇ドルの小切手を切り、ヒラリーに渡した。ヒラリーも同額の小切手を切り、オバマ陣営に献金をした。「ユニティー」でのオバマとヒラリーの演説と小切手の交換は、統一をアピールするシンボルであった。

しかし、このイベントはオバマ陣営とヒラリー陣営の統一に向けての始まりにすぎなかった。これから、オバマ陣営は、ヒラリーと彼女の支持者たちに気遣いながら、マケインとの選挙戦を進めていくことになった。

オバマの誕生会で久しぶりにマーシャを見かけた時、オバマのバッジをつけて楽しそうに支持者と会話をしていた。おそらく、オバマに投票をする決断ができたのだろう。しかし、一八〇〇万人のヒラリー支持者の中には、マーシャのようにオバマに乗り換えることができる有権者のみではなかった。実際、マケインに乗り換えるヒラリー支持者もいた。そのような状況で、民主党はコロラド州デンバーでの全国党大会を迎えた。オバマ陣営にとって、最大の課題はヒラリー陣営との統一を掲げながら、票を取り込むことであった。そのための党大会といっても過言ではなかった。

民主党全国大会――ヒラリー陣営との統一

民主党は、一九〇八年にコロラド州デンバーで党大会を開催した。その一〇〇年後の二〇〇八年、民主党はアフリカ系アメリカ人のバラク・オバマを党の大統領候補に指名することになった。オバマが大統領候補受諾演説を行う八月二八日は、四五年前にマーチン・ルーサー・キング牧師が、「私には夢がある」の演説をワシントンDCで行っている。

そのような歴史的な民主党大会に参加しようと多くのオバマ支持者が、チケットを求めた。オバマ陣営から、支持者のコンピューターにメールが入った。今日の深夜一二時までに献金をすれば、オバマの大統領受諾演説のチケットが当たるかもしれないという例の「期限」と「報賞」付きのメールであった。もちろん、献金額は五ドルからであった。

民主党支持者である私の友人もこのメールに魅了されて、献金をした一人であった。

「チケットが当たったら、どうしよう。バケーションをキャンセルしようかしら」

彼女の興奮が私に伝わって来た。今、この瞬間に、一体どれほどの小口献金者が期待に胸を躍らされていることだろう。

しかし、二〇〇八年一月からネバダ州のオバマ草の根運動に参加し、民主党全国大会でボランティアとして働いていた運動員から、後になって聞いた話では、オバマの大統領受諾演説のチケットの三分の二は、コロラド州の有権者に優先的に配布された。コロラド州は、激戦州であったからである。実のところ、私の友人にもコロラド州以外の他の州の多数のオバマ小口献金者にもほとんどチャンスがなかったのである。

党大会は、八月二五日から同月二八日まで四日間にわたり開催された。第一日目のテーマは、「一つの国家」であった。オバマのスピーチからとったテーマである。アイオワ州のトム・ハーキン上院議員が、アメリカは赤色（共和党）と青色（民主党）ではなく、赤と青と白であると星条旗を用い、国旗の下に一つの国家であることを強調した。オバマ選挙運動の共同議長を務めるミズーリ州のクレア・マッカスキル上院議員、ミシェル夫人の兄で、オレゴン州立大学のバスケットボールのコーチのクレイグ・ロビンソン、マサチューセッツ州の病院からかけつけたエドワード・ケネディ上院議員等が演説を行った。

第一日目の最後のスピーカーは、ミシェルであった。演説の前に放映された彼女についてのビデオの中で、あるエピソードが紹介された。それは、弁護士事務所で働くオバマが、上司であるミシェルをデートに何回も誘ったが断られた話である。オバマは諦めずにアプローチをし、最終的にアイスクリームでミシェルをデートに誘うことに成功する。単なるラブストーリーの始まりで終わってしまう有権者もいるかもしれない。しかし、このビデオには、一部の有権者が抱いているオバマが、コロンビア大学とハーバード大学を卒業し、上院議員であるというエリートというイメージを弱める狙いがあった。そこで、人間志向を打ち出し「普通の人」という一面を見せることにより、有権者に近い存在であると感じさせた。

また、ミシェルは、約七分間の演説の中で、朝一番に娘たちのことを考えて起き、その日の最後に彼女たちのことを考えてベッドに入ると語り、彼女が家族志向であり、良き母親であり妻であることをアピールしている。これも一部の有権者が持っているミシェルが、プリンストン大学およびハーバード大学を卒業し、シカゴのエリート弁護士事務所に勤務していたというエリートというイメージを弱め、ファーストレディーに適しているというイメージを創造することを狙ったものである。ミシェルは、その重要な役割を果たし演説を終了した。

第二日目のテーマは、「アメリカの約束を復活させること」であった。オバマは、アメリカ社会は、かつて一所懸命働けば、報われるということを約束された社会だったと主張する。そういう社会をもう一度、復活させようと言うのである。

この日の注目は、ヒラリーの演説であった。前日、CNNは民主党全国大会に参加している代議員の二八％が、ヒラリーを副大統領候補にすることを望んでいたと報道した。また、ギャラップは、ヒラリーの支持者のうち、七〇％がオバマを、一六％がマケインを支持しているという調査結果を発表している。

ヒラリーは、オバマ支持者と彼女の支持者に明確なメッセージを送った。

「バラクは、私の候補です」

「私に投票しても、バラクに投票しても、一つの目的のために、党として統一する時です。私たちは、同じチームです」

見事な演説だった。ヒラリーは、チームワークを強調し、一つの目的を持った一つの党になるために、統一を訴えた。一つの目的とは、一一月の本選挙でマケインを破ることである。しかし、ヒラリーは、オバマが大統領として、最高司令官の資格があるか否かについては述べなかった。それは納得のいくところである。というのは、ヒラリー陣営は、予備選挙で有名になった「3am」というテレビ広告を打ち、オバマの最高司令官の資格の問題にダメージを与えたからである。「3am」のテレビ広告の中では、アメリカが危機的な状態に直面したため、午前三時にホワイトハウスの電話が鳴る。テレビの画面には、ヒラリーが電話をとり危機的な状況に取り組んでいる姿が映る。この広告は、誰にその電話をとってもらいたいのか、有権者に問いかけた。それは、オバマではなく、最高司令官になる経験があるヒラリーであるというメッセージを、ヒラリー陣営は有権者に送ったのである。このようなテレビ広告を打ったヒラリーが、「バラクには、最高司令官としての資格があります」とは言えない。

余談になるが、ブルッキングス研究所で開かれたあるセミナーでこの「3am」のテレビ広告について話題が出た時、クリントン政権でホワイトハウスの主席補佐官を務めたリオン・パネッタは、午前三時に電話をとるのは、大統領ではなく主席補佐官であると述べ、会場にいた参加者から笑いをとった。

「3am」のテレビ広告は、共和党に有利に働いた。有権者は、最高司令官としての資格や経験についてマケインには自信を持っていたが、オバマには疑問を抱いていた。オバマ陣営にとって、ヒラリー陣営との統一という最大の課題と共に、この問題にも取り組まなければならなかった。この問題は、第三日目に持ち越されることになった。

第三日目のテーマは、「アメリカの未来を安全にすること」であった。安全保障と関わるテーマであり、必然とオバマの最高司令官としての資格が問われるテーマでもある。

前日のABCの番組「ナイトライン」の中で、政治解説者のジョージ・ステファノポロスは、ヒラリーがオバマの最高司令官としての資格について述べなかったので、クリントン元大統領が演説の中で述べることになるだろうと予測している。それは的中した。

クリントン元大統領は、一九九二年に大統領候補になった時、「若すぎる」「経験がない」と言われたと当時を回想し、オバマと自分の状況が類似している点を挙げた。「若くても、未経験だと言われても私は、八年間大統領の任務を遂行することができた」というメッセージを有権者に送った。

「自分の八年間の経験から言うと、彼（オバマ）は最高司令官の資格がある」

クリントン元大統領は、オバマが大統領になる準備ができていることを強調した。クリントン元大統領に加え、演説を行った退役軍人のオバマ支持者もオバマが最高司令官に適していると演説の中で有権者に訴えた。さらに、オバマが負傷した兵士が入院している米陸軍の病院であるウォーターリードをレポーターを連れずに、訪問をしていることも紹介され、最高司令官に適していることを有権者にアピールした。これは、オバマが負傷した兵士を訪問する姿を、マスコミを通じて、有権者にアピールするといういわゆる政治的道具として扱わなかったことを示している。

第三日目は、大物の政治家が演説を行った。ジョン・ケリー上院議員もその一人であった。「マケインは、ブッシュの三期目だ」「マケインは九〇％、ブッシュの政策を支持している」とマケインを痛烈に批判した。今回のケリーの演説は、ブッシュ政権に対する復讐が感じられるほど、熱の入った演説であった。その復讐を生むきっかけとなったのは、ある一冊の書籍である。

二〇〇四年の大統領選挙では、ベトナム戦争でのケリーの名誉を傷つけた米海軍の高速艇の退役軍人たちの発言をまとめた本である「不適任な司令官」が、ケリー陣営にダメージを与えた。この著書は、ニューヨーク・タイムズのベストセラーになっている。

この本の著者の一人であるジェローム・コージーは、反オバマの著書「オバマ・ネイション」を出版した。コージーは、この中で、オバマを極左と位置づけ、イスラム教や過激なイスラムの指導者との関係を追及している。しかし、オバマ陣営は、ケリー陣営と同じ轍を踏まなかった。四〇頁にわたるレポートを作成し、即座に反論を展開した。そのレポートの中で、オバマとミシェルの結婚記念日が間違っていることなどを指摘し、内容の信頼性に疑問を呈した。それと共に、マスコミからも信頼性の低い書籍に対しては、取り上げない責任があるのではないかという声が上がり、この種の反オバマの書籍について冷静な態度をとったことも大きな要素であった。

第三日目は、バイデンの副大統領受諾演説で締めくくられた。バイデンは、演説の中で「マケインは間違っている。オバマは正しい」と繰り返し、オバマとバイデンの支持者も彼に続き、そのフレーズを繰り返した。副大統領候補の役割は、「攻撃犬」に喩えられる。バイデンは、「マケインは、ブッシュと同じだ」「マケインは、男女平等の賃金に反対した」と痛烈に批判をし、その役割を果たした。バイデンは、イランとの対話の必要性についても述べた。戸別訪問を行った際、イラン系アメリカ人のオバマ支持者が、マケインのイランへの爆弾発言を懸念していたが、そのような支持者を確実に引き付けるメッセージである。

第四日目は、会場をペプシセンターからアメリカンフットボールチームの球技場であるインベスコ・フィールドに移し行われた。午後四時からこの日の党大会が開始し、オバマの大統領受諾演説は午後八時ごろを予定していたが、午後一時半には球技場の周りに約二マイル（約三・二キロ）の列ができていた。八万四千人が、その球技場を埋め尽くした。

テーマは、「あなたが信じることができる変革」。オバマ陣営のスローガンでもある。このスローガンついてコメントをしておこう。

オバマ陣営は、大会後、スローガンを「信じている」から「必要としている」に変えている。変革の必要性と緊急性を前面に出し、「信じている」よりも動的なメッセージに変えたのである。それは、有権者の中に、変革に対する必要性と緊急性を訴える者がおり、そのニーズを汲み取ったものである。私が戸別訪問を実施した際、オバマ支持を表明した有権者には、必ずその理由を尋ねたが、変革に対する必要性を述べる者が圧倒的であった。

オバマの大統領候補受諾演説が行われる第四日目の演説者の人選は、激戦州のコロラド州をかなり意識したものになっていた。コロラド州知事のビル・リッターおよびコロラド州選出の下院議員マーク・ウダル、ダイアナ・デゲット、ジョン・サラザール、エド・パールマターが演説を行った。

また、オバマの演説の前に、激戦州出身の一般の有権者五人が演説を行った。一週間に七〇時間働いているが、医療保険の費用を支払う経済力がないと述べる有権者。食品やガソリンの価格が上昇し、経済的に苦境に立たされていると語る有権者。変革を訴える有権者。オバマ陣営の合言葉である「イエス・ウイ・キャン」（そうだ。私たちにはできるんだ）を「スィ・セ・プエデ」とスペイン語で叫ぶ有権者。ニクソンからブッシュまで共和党に投票してきたが、「もう四年間はいりません」と共和党との決別を宣言し、「オバマは私の大統領です」と主張する有権者。そこには、オバマ陣営の戦略が縮小されていた——国民皆保険の必要性、経済問題に焦点、変革、ヒスパニック票の獲得、マケインはブッシュと同じ。

「イエス・ウイ・キャン」「イエス・ウイ・キャン」「イエス・ウイ・キャン」…

オバマが演説を始める前に、球技場を埋めた支持者が叫び、席についたまま足を踏みならし、それが地響きのように鳴り響いて、球技場を包み込んだ。オバマが演説をするステージの前に、彼とバイデンの家族が座っていた。また、オバマの異母妹のマヤやミシェルの兄のクレイグの姿も見えた。兄弟や親戚の横に、一般の有権者らしき人たちも座っていた。彼等は、ある期間中にコロラド州の一二名の有権者に電話をかけて、オバマ支持を訴えた人の中から抽選で選ばれた者であった。このことは、民主党全国大会でボランティアとして働いていたオバマ支持者から聞いた。ここにも、オバマ陣営の「期限」と「報賞」をつけて、支持者をモチベートする戦略が見える。

演説の冒頭で、オバマはヒラリーとクリントン元大統領に感謝の意を示した。ヒラリー陣営との統一を目指すオバマ陣営の気遣いが窺えた。この党大会でオバマ陣営は、ヒラリー陣営との関係修復にエネルギーを費やしてきた。しかし、この球技場には、ヒラリーとクリントン元大統領の姿は見えなかった。

オバマは、交通事故で最初の妻と娘を亡くした副大統領候補のバイデン上院議員は、仕事が終わるとワシントンDCから列車に乗り、ウィルミントン（デラウェア州）にいる息子の元に戻ったというストーリーを紹介した。ワシントンDCからウィルミントンまでは、列車に乗ると、片道約一時間半弱である。大抵の議員が週末のみ地元に戻る中で、上院外交委員会議長と司法委員会のメンバーであるバイデン議員は、息子のために通勤を選んだ。続いて、オバマは、ミシェルが次のファーストレディーになると言い彼女について語った。このように、オバマの演説は、暖かい雰囲気を醸し出した。

しかし、オバマの演説は、徐々に家族的なトーンから攻撃的なトーンに移った。

「八年間で充分だ」

オバマは、アメリカ国民に不人気のブッシュ政権の八年間を持ち出した後、マケインは、ブッシュ大統領の政策の九〇％を支持してきたと批判し、マケインの下では変革を起こすチャンスは、一〇％のみであると述べた。オバマは有権者にそれに賭けたいのかと問いかけた。また、マケインの失言となった「経済は、基本的に強い」という発言や彼のアドバイザーの「心的な景気後退」という発言を取り出し、マケイン陣営が一般の国民の生活を気にかけていないといというメッセージを送った。それに対し、オバマは九五％の中間層に対し、減税を行うことを約束した。

さらに、国民皆保険、男女平等の賃金、家族に対する父親の責任、イラクからの撤退について述べた。マケイン陣営は、「新しいアイデアがない」ので、有権者に「恐怖心を与える」古典的な戦略をとっているとも主張した。また、オバマは、「私は典型的なカテゴリーに属さない」と述べたのである。それはどのような意味かと言うと、オバマが選挙の中で自ら語ってきたように、アメリカ紙幣に印刷されている大統領とは自分は異なるということである。もう一歩進めて言えば、アメリカ紙幣には、父親がケニア人で、母親がアイルランド系の白人である大統領の顔は印刷されていないということである。人種的な意味が含まれているのである。マケインを支持するフォックス・ニュースの政治解説者の中には、オバマは危険な人物であると明言し、恐怖心を煽る解説者もいた。しかし、その危険性が人種にあると発言してしまうと、人種差別者だとレッテルを貼られ、視聴者から抗議をうけ、この経済危機の中で職と地位を失うことになりかねない。そこで、有色人種と危険を結びつける形で巧妙に語るのである。

マケイン支持者の中には、オバマのミドルネームが「フセイン」であるということからイスラム教徒であり、アフリカで生まれたという虚報を流し、有権者を混乱させ恐怖心を持たせる者がいた。そのような状況の中で、オバマは恐怖心を煽る戦略は、共和党がこれまで活用してきた戦略であると有権者に訴えたのである。実際、共和党陣営は、これまでも恐怖心を有権者に抱かせる戦略をとって、民主党の相手候補に決定的なダメージを与えてきた。

その一例に、一九八八年の大統領選挙において、ブッシュ副大統領（当時・現在の大統領の父親）が用いたテレビ広告がある。この時、ブッシュ陣営は、民主党候補のマイケル・デュカキス知事が地元のマサチューセッツ州の刑務所にいる重罪犯罪人のウィリー・ホートンを仮釈放し、その期間に彼が犯罪を犯したことを伝える白黒のテレビ広告を打った。白黒のテレビ広告にも関わらず、彼のファーストネームと写真から、彼がアフリカ系アメリカ人であると容易に推測できた。仮釈放中にレイプされた女性は、白人であった。ブッシュ陣営は、白人と黒人に焦点を当て、意図的に「白」と「黒」の画像を用いたのである。白人の中にある「常に黒人の犠牲者は自分たち白人である」という無意識を意識に変えた広告であった。また、「黒人の男性が白人の女性をレイプする」というステレオタイプ（固定観念）を利用した巧みな広告であった。調査では、当時、黒人の男性が黒人の女性を、白人の男性が白人の女性をレイプする確立が高いことが明らかにされていた。つまり、人種をクロスしてレイプするというのは、ステレオタイプであった。この広告は、デュカキス知事が犯罪に弱腰というイメージを作り上げるのに成功し、ブッシュ当選に大きく貢献した。

しかし、このテレビ広告は、人種をより分断するという結果を招き、大統領選挙後、倫理に反していると非難の的となった。選挙に敗れたデュカキスは、ボストン市内にある大学で教鞭をとった。当時、彼のゼミに参加した大学院生が、「ウィリー・ホートンの話は、ゼミの中では禁句です」と語ってくれたことがある。オバマは、このような「人種カード」を用いた共和党陣営の戦略を警戒していたのである。そこで、自ら演説の中で有権者を教育していった。大統領受諾演説の中でオバマが語った「恐怖心を与える」「人々をおびえさせる」にはこのような背景があった。

「変革は、ワシントンに来る。ワシントンから変革は来ない」

有権者には、ヒラリーはワシントンのインサイダーというイメージが強いのに対し、オバマはアウトサイダーのイメージがある。そこで、オバマは、この選挙では自分自身のイメージと一致した変革を有権者に訴えることができた。

オバマの演説後、ネバダ州で草の根運動に参加している支持者が、次のように私に語った。

「ボクシングを使って説明すると、オバマは初めてグローブを外して、マケインを厳しく批判したという感じです。これまでオバマは、マケインに対し紳士的でしたので、支持者の間に共和党からの激しい攻撃に対し、大丈夫かなという不安がありました。また、ブッシュ大統領がチェイニー副大統領の操り人形になったように、バイデンを副大統領候補に選択したことにより、彼（バイデン）の操り人形になってしまうというイメージがあったのです。しかし、この演説を聞いて、これらの不安やイメージを取り去ることができました」

運転で喩えると、オバマはこの演説でギアーチェンジを行い、トップに入れたという印象を私は強く受けた。大統領受諾演説後、花火と共に、大統領にふさわしい重厚で勇壮な音楽が流れた。大統領としての適任であるというイメージを創造していたのだろう。同時に、オバマ陣営が行進をして行き、マケイン陣営と交戦するイメージの曲であった。オバマの大統領受諾演説とこの音楽が、これからマケイン陣営と本格的な戦いが始まるという気持ちにさせた。

この勇壮な音楽の後、「オンリー・イン・アメリカ」が流れた。テキサス州出身のバンドの曲で、ブッシュ陣営が用いた曲である。バンドの一人もブッシュの支持者であると聞いている。どうしてオバマ陣営がこの曲を流したのかは、今でも謎である。

さて、オバマの大統領受諾演説を書いたスピーチライターのジョン・ファブローは二七歳。彼は、マサチューセッツ州にあるホーリー・クロス大学を卒業。ケリー候補（民主党）の報道のアシスタントをしていたファブローは、オバマのコミュニケーション・ディレクターのロバート・ギブス（後のホワイトハウス報道官）の推薦でオバマに雇われた。オバマはシカゴ・ホワイトソックスのファンで、ファブローはボストン・レッドソックスのファンである。二〇〇五年のアメリカンリーグの地区大会で、ホワイトソックスがレッドソックスを破ると、オバマがファブローの部屋を、箒で掃いたと言われている。「箒で掃く」という表現は、スポーツや選挙で相手を圧勝した時に使われる表現である。

約二年間、オバマ上院議員の事務所で仕事をした後、大統領選挙戦のスタッフとして、シカゴの選挙本部に異動した。ファブローは、ジョン・F・ケネディやロバート・ケネディ、キング牧師の演説を勉強。大統領の選挙期間中は、常にオバマの自伝を持ち歩いた。一一月四日の投票日には、選挙で勝利した場合と敗北した場合の二つのスピーチを用意していたが、ペンシルバニア州で勝つと、オバマはファブローに連絡をとり、シカゴでの勝利宣言のスピーチの最終チェックにとりかかったと言われている。

ヒラリー支持者との対話

民主党全国大会では、「慣習に従わない女性たち」と題するセッションが開かれた。出席者は、九割強が女性の民主党支持者であった。私が会場の入口に並んでいると、出席者の一人から声をかけられた。

「男性は入場できるの。冗談ですよ」

タイトルからしてヒラリーの支持者たちが集まると言われていたが、正にその通りだった。

「父は、ヒラリーのことを非常に優れた生徒だったと言っていました。彼女は、将来、成功するだろうと言っていたのです。ヒラリーが高校生の時に、父に送ったカードをとってあります。オバマには、ヒラリーを副大統領候補に選んで欲しかったです。女性の副大統領候補を指名して欲しかったのです。私は、納得がいきません」

現在、コロラド州在住のナンシー・ニコラスは、私にこう語りかけた。ナンシーは、六〇代後半と見受けられる白人の品のある感じの女性。ガラスの天井にヒビを入れた一八〇〇万人の一人である。彼女の父親のジョン・カービーは、ヒラリーが通っていたイリノイ州のメイン・イースト高等学校の教師だった。ナンシーの娘のジェニファーも、ヒラリーの支持者である。母親が私と話している間、同感している様子だった。また、ジェニファーは、女性の進出や活躍に関心が高いようだった。

「北京オリンピックでの日本女子ソフトボールは、すばらしかったですね」

後にマケインは、ニコラス母娘のような気持ちのヒラリー支持者を一本釣りする副大統領候補の人事を行うことになる。

セッションの司会者が、「舞台に上がれる男性は、デンバー市長のみです」と説明があると、会場から笑いと拍手が起きた。事実、下院議長のナンシー・ペロシやカリフォルニア州のバーバラ・ボクサー上院議員をはじめ、演者やプレゼンターは、デンバー市長以外、全て女性であった。

民主党全国大会では、女性の党員集会も開催された。ここで私は、筋金入りのヒラリー支持者――カメラ・ルーイス（通称キャンディー・五八歳）と出会うことになる。彼女は、コロラド州の代議員である。カトリック教徒、妊娠人工中絶反対。

「脳を使っていない人が多いの。ヒラリーが最高の候補であることが分からないのね。ヒラリーは、大きな州でオバマに勝っているじゃないの。多くの女性が、ヒラリーの能力に嫉妬しているのよ。オバマはカメレオンのようで、立場を『チェンジ』しているじゃないの。ヒラリーが、アメリカにとって最も良い仕事をするの。朝、ヒラリーの支持者たちは、教会で祈りを捧げてきたのよ」

キャンディーは、隣の席に座っている私に語りかけた。私の姉がヒラリーの支持者であることを伝えると、日本人のヒラリー支持者と是非会話をしたいと言った。

「日本は、深夜の一時ですから、電話をかけることはできません」

「私は、日本人のヒラリー支持者と話したいの。モトオ、勇気を持ちなさい。勇気を持ってかけなさい」

「深夜の一時ですよ」

「モトオ、恐れてはいけない。かけるのよ」

いささか強要の度が過ぎると思ったが、「勇気」という言葉に多少心を動かれれて日本に電話を入れた。幸いなことに、姉は起きていた。

「ヒラリーが唯一の大統領候補よ」

キャンディーは、語気を強めた。

民主党の女性の党員大会に、ヒラリーの顔写真が印刷されたＴシャツを着て、背中にヒラリー支持のバッジを二個つけて参加しているのは、キャンディーだけであった。他の参加者は、ビジネススーツやカジュアルといっても、Ｔシャツ姿は見当たらない。

フォックス・ラジオの女性記者は、そのような格好で参加しているキャンディーにインタビューを申し込んだ。

「私は、代議員の投票の結果、ヒラリーが大統領の指名を受けると思っています」

「あなたは、本当にそう思っているのですか」

女性記者が聞き返した。

「はい」

ＣＮＮやＡＢＣで政治解説者として活躍しているドナ・ブラジルが、「いつの日か、ホワイトハウスに女性を送ろう」と演説の中で述べると、会場から割れんとばかりの拍手や参加者に配られたタンバリンの音が鳴った。

「冗談言うんじゃないの。彼女（ドナ・ブラジル）は、オバマを支持したんだ。なぜ、今、ホワイトハウスに女性を送らないんだ」

結局、キャンディーは、コロラド州の民主党を離党し、無党派になった。後に、マケインは、彼女のような「ヒラリー難民」を獲得することを狙った副大統領候補を指名することになる。

会場のヒラリー支持者から「ヒラリー」「ヒラリー」「ヒラリー」の声が上がると、オバマ支持者からは、「ユニティー（統一）」「ユニティー」「ユニティー」の対抗の声が上がった。ヒラリーの支持者の一人が、演台の下に立ち、「ヒラリー」「ヒラリー」「ヒラリー」と叫ぶと、今度は、オバマ支持者が、「オバマ」「オバマ」「オバマ」と連呼し、容赦なくヒラリーの支持者を退けた。このように、両陣営の統一は困難を極めていた。

そのような状況を察してか、ミシェル・オバマは、女性の民主党員を集めた会で演説を行い、冒頭、「昨夜、クリントン上院議員は、『バラクは私の候補です』と語ってくれました」と、ヒラリーに感謝の意を表した。その後も演説の中で、「クリントン上院議員」の言葉を繰り返し使ったところに、ヒラリー陣営に対する気遣いが現われていた。

一方、ヒラリーは、労働組合主催のシンポジウムや彼女の支持者を集めた会合で、一一月の本選挙で勝つことを優先するように支持者に訴えた。このようなヒラリーの訴えに、理解を示す支持者もいた。フロリダ州マイアミの代議員で、キューバ系アメリカ人のヘクター・カラバロは、その一人である。

「ヒラリーの支持者でしたが、彼女の演説を聞き、彼女の言うように一一月に勝つことを優先するようにしました。『私たちは統一する必要がある』というメッセージが印象に残っています。私は、オバマに投票することに決めました」

ヒラリーのメッセージは、確実に浸透し始めた。

新たな問題

民主党全国大会の中で、アジア系アメリカ人と太平洋諸島出身者を対象としたシンポジウムやセッションも開かれた。二〇〇四年の民主党全国大会と比較し、アジア系アメリカ人および太平洋諸島出身者の参加者は二五％の増加をみている。シンポジウムの中では、民主党本部のスタッフから、共和党のアジア系アメリカ人および太平洋諸島出身者の支持者は、四四％（二〇〇四年）から三七％（二〇〇六年）に減少していることが報告された。

同スタッフのプレゼンテーションは、正にオバマの選挙戦略の要点であった。

第一に、彼は、マケインとブッシュ大統領を結合させた。マケインとブッシュの顔の合成写真やブッシュ大統領の父親がマケインをゴルフカーに乗せている写真を見せ、「マケインはブッシュの三期目」であることを強調した。

第二に、この選挙を「変革対同じ」にすることであると主張した。「変革」はオバマを示し、「同じ」はマケインを指した。

第三に、マケインが国民の生活を気にしないことをアピールした。一方、オバマは、経済問題に関心があると訴えた。

シンポジウムに加え、アジア系アメリカ人および太平洋諸島出身者を対象とした草の根運動の戦略に関するセッションも開かれた。そこでは、激戦州のフィールド・コーディネーターが集まり、有権者登録を増やすうえでの困難などの情報交換が行われた。私もこのセッションに参加し、自分の草の根運動の体験を他の州の運動員に話し、情報の交換をした。このセッションのプレゼンターの一人であったラミー・コーは、オバマが非常勤講師として、シカゴ大学ロースクール（法科大学院）で教鞭をとっていた時の学生であった。コーは、現在、テキサス州オースティンで、草の根運動の組織を作り、運動を展開している。元学生のコーによれば、オバマは、原理原則を尊重し、説得が得意だが、単に相手の意見に耳を傾けることもあった。

一般に、全国党大会は、「お祭り」であると言われてきた。しかし、私が出席した党大会には確かにそのような場面もあったが、アジア系アメリカ人および太平洋諸島出身者を対象としたシンポジウムや草の根運動の戦略に関するセッションは、活発に討論がなされ勉強会の色がとても濃く出ていた。これらのシンポジウムやセッションでは、オバマ支持者とヒラリー支持者の対立はみられず、オバマ支持で一致をみていた。

結局、一一月四日の選挙では、アジア系アメリカ人の六二％がオバマに、三五％がマケインに投票した。アジア系アメリカ人の権利擁護・教育基金が、ニューヨーク州、ニュージャージー州、バージニア州、メリーランド州、ペンシルバニア州、マサチューセッツ州、ミシガン州、イリノイ州、ネバダ州、ルイジアナ州、テキサス州の十一州とワシントンDCで行った出口調査によると、アジア系アメリカ人の七六％がオバマに、二二％がマケインに投票した。民族別にみてみると、バングラディシュ系の九七％、インド系の九一％、中国系の七三％、韓国系の六八％、フィリピン系の五九％がオバマに投票した。それに対し、六七％のベトナム系は、ベトナムとの国交正常化に尽力したマケインに投票した。年齢別では、全ての層において、オバマがマケインを上回った。特に、一八歳から二九歳のアジア系アメリカ人の八八％が、オバマに投票した。

しかし、全国アジア系アメリカ人調査によると、オバマ陣営とマケイン陣営は、わずか二七％の決めかねているアジア系アメリカ人の有権者にコンタクトをとったのみであった。アジア系アメリカ人に限ってみると、まだまだ掘り起こしが可能であった。それは、オバマ陣営および民主党にとって、二〇一〇年の中間選挙と二〇一二年の大統領選挙の課題になるだろう。

マケインは、オバマの大統領受諾演説の翌日、アラスカ州知事のサラ・ペイリンを副大統領候補に指名した。ミネソタ州知事のティム・ポーレンティやマケインと予備選挙を争ったマサチューセッツ州の元知事ミット・ロムニーなどの候補者を予想していただけに、その意外性に有権者の目は、オバマからペイリンに移った。ペイリンがどのような人物なのかについて有権者は知りたがった。マケインが選択したペイリンは、共和党の歴史上、初めての女性の副大統領候補であった。この意外性と絶妙な発表のタイミングに、オバマの受諾演説の効果は薄くなった。ヒラリー陣営に焦点を当てていたオバマ陣営も、ペイリンに注目を集めるようになったのである。これから、オバマ陣営は、ヒラリー問題からペイリン問題に取り組んでいくことになる。次章では、「ペイリンの大会」とまで言われた共和党全国大会をみていくことにする。

第四章

★チェンジ（変革）対チェンジ（変革）
——本当の変革をもたらすのはオバマかマケインか

ファイアード・アップ（熱くなっているのか）
レディ・トゥー・ゴー（発射準備完了）

マケイン陣営の課題

民主党全国大会におけるオバマ陣営の課題は、ヒラリー陣営との「統一」を果たし票を取り込むことと、オバマの最高司令官としての適正を示すことであった。同様に、マケイン陣営にも共和党全国大会における課題があった。ブッシュ大統領とマケインの「分離」、マケインに対し懐疑的な共和党右派との「統一」、支持者の選挙に対する「情熱のレベルの向上」――これら三つの課題である。

これらの課題には、次のような背景があった。第一の「分離」は、オバマ陣営が有利に進めてきたことへの対策である。第二の「統一」は、マケインが異端児的な存在で、党に対する忠誠心を問われてきたことに由来する。第三の「情熱」は、マケイン陣営の支持者の熱狂の度合いが明らかに低いことへの危機感の裏返しであった。実際、コロラド州デンバーからミネソタ州セントポールに移動すると、熱狂度の差は肌で感じ取ることができた。共和党大会が、ミネアポリスとセントポールに分かれて開催されたこともその原因だろう。

このような課題を抱えて、マケイン陣営は九月一日から同月四日までミネソタ州ミネアポリスおよびセントポールで開催された共和党全国大会を迎えた。民主党全国大会終了後の翌日の誕生日（八月二九日）に、マケインはアラスカ州知事のサラ・ペイリンを副大統領候補に選んだことを発表して以来、選挙の流れがややマケイン陣営に傾いていた。

それを物語るかのように、マケイン陣営にとって「朗報」が入る。それは、ハリケーングスタフの発生により、メキシコ湾の沿岸の州が危険地域に入ったのである。ミシシッピー州、アラバマ州、テキサス州、フロリダ州は、共和党の地盤であり、中でもフロリダ州は激戦州の一つであり、マケイン陣営が死守しなければならない州である。ハリケーンカトリーナの記憶は新しかった。カトリーナの被害にあったルイジアナ州の州民の救済が遅れ、ブッシュ政権は非難の的となった。また、対応の遅れは、共和党支持者のアフリカ系アメリカ人やヒスパニックなどの少数派離れにも影響を与えた。そのような教訓の中で、共和党本部は、即座にミシシッピー州、アラバマ州、テキサス州、フロリダ州の四州の共和党委員長を代表にして、ワーキンググループを結成し対応に当たった。このような状況の中、マケイン陣営と大会本部は、「政治や祝い事を行う時ではない」とし、大会第一日目は予定を短縮して行うと発表した。

マケイン陣営は、このチャンスを逃さなかった。マケイン陣営のスローガンである「カントリー・ファースト（国が一番）」をアピールする機会として利用した。

「今は、共和党員としてではなく、アメリカ国民として行動する時だ」

「優先するべきことは、ハリケーングスタッフの被害を受ける人々の救済だ」

ハリケーングスタッフの発生により、「カントリー・ファースト」のスローガンを行動で示すことができたのである。また、右で挙げた第一のブッシュ大統領とマケインを切り離すという課題を、自然発生的な現象により達成することができたのである。ブッシュ大統領は、共和党全国大会に出席せず、衛星を用いて第二日目にホワイトハウスから演説をすることになった。しかし、第二のマケイン陣営と共和党右派との「統一」と第三の情熱のレベルの向上の課題は、自然発生的な現象により解決することはできず、大会の二日目以降に持ち越されることになった。

「ハリケーンペイリン」の登場

モージー・アドラーは、コロラド州アーチュレタ郡の共和党事務局長を務め、同郡の共和党女性部の代表でもある。共和党全国大会には、代議員として出席した。モージーは自分自身を保守派と位置づけている。今回の大統領選挙では、コロラド州は、バージニア州と同様、赤色でも青色でもなく、紫色の州であり、激戦州の一つであることはこれまで述べてきた通りである。党大会の会場となったセントポールのアイスホッケー場であるエクセル・エネルギー・センターを、地元の人たちは単に「エックス」と呼んでいる。エックスで、モージーにペイリンについて語ってもらった。

「私は、一九五〇年代に夫の仕事（米陸軍）の関係で、相模原に住んでいました。マケインがペイリンを選んだと聞いた時、『マケインは負けた。恐らく大統領になりたくないのだ』とまで思いました。マケインがペイリンを選択したことに対し、失望しています。マケインの年齢（七二歳）を考えると、副大統領候補は重大なのです。私は、マケインにどうしてロムニーを選ばなかったのか個人的に質問をしたいのです」

ペイリンは、一九六四年二月一一日に、アイダホ州で生まれ、三歳の時にアラスカ州に移ってきている。ワシーラという人口七〇二八人の小さな街の市長を六年間務めたペイリンは、知事選に出馬し、現役の民主党知事を破り、その座を得た。マスコミ関係では、フォックス・ニュースに登場する政治解説者のビル・クリストルが、マケインのペイリン選択を予測した。しかし、大抵の政治解説者は、マケインの副大統領候補として、大会が開催されるミネソタ州知事のポーレンティやマケインと予備選を戦ったマサチューセッツ州の元知事ロムニーなどを挙げていた。マケインは、コネチカット州の上院議員であるジョー・リーバーマンを副大統領候補にしたいのだが、妊娠人工中絶賛成の彼に対し、共和党右派のエバンジェリカルからの抵抗があり、その選択はできないだろうと報道されていた。マケインは、ほとんどノーマークであり、知名度のないペイリンを選択したのである。

モージーは、マケインのこの「あっと言わせるような」いわゆるサプライズな人事を、否定的に捉えていた。共和党の予備選挙で、ロムニーを支持してきたモージーは、マケインが自分の年齢を考慮に入れて、経験のある副大統領候補を選択することを望んでいたのである。

党大会中、ペイリンの一七歳の娘が妊娠をしているというニュースが流れ、共和党支持者の間で議論が交わされた。共和党、特に右派は、家族の価値観を重視しているからである。ポリティコ紙の元レポーターは、大会中に開催されたあるシンポジウムの朝食の席で、共和党の右派の中には、ペイリンの一七歳の娘が結婚前にセックスをして、妊娠をしたことにジレンマを感じているのではないかと語った。右派は同性の結婚には反対を示している。一九八八年の大統領選挙では、副大統領候補だったダン・クエール（当時インディアナ州上院議員）は、夫のいない子持ちの母親（シングル・マザー）を非難した。しかし、モージーはこの件に関しては、現実的でペイリンに同情的であった。

「私には、三人の子供がいます。三人の子供を育てるのは大変なことです。ペイリンには、五人の子供がいますから。ガイドライン（指針）が必要なのです。知事をしていて忙しかったのでしょう。誰かが子供の世話をしなければなりません。娘の妊娠は問題だとは思いません。オバマも、妊娠を争点として取り挙げるべきではないと言っています」

「昨日は、ハリケーングスタフのため、たくさんの演説がキャンセルになって残念でした。明日のペイリンのスピーチでは、彼女のボディーランゲージに注視します。神経質になっていると、演者は手を動かさないものです。また、彼女がどのような母親なのかにも注目したいです」

大統領選挙や共和党全国大会に対するモージーの情熱の度合いは、低かった。しかし、ペイリンは各州の代議員のみならず、全国の共和党支持者のモチベーションを一気に高めた。それはまるでレベル五のハリケーンのようだった（レベル五は最も強い）。マケインのペイリン選択から大会終了まで、ペイリンに注目が集まった。その結果、この大会は、「ペイリンの大会」とまで呼ばれた。この時点では、ペイリンを指名したマケインの賭けは当たったように見えた。

ペイリンを選択したのは、マケイン陣営である。マケイン陣営は、ペイリンに価値を見出したのである。その価値とは——結論から言えば、キャンディーなどの「ヒラリー難民」を含めた女性票を獲得し、第二と第三の課題を解決してくれることであった。

ペイリンの武器

「ヒラリー難民」を含めた女性票の獲得について分析してみよう。

オバマは、ヒラリー以外の女性を副大統領候補に選んだ場合、どうして彼女を選択しなかったのかの説明を要する。バイデンを選択しても第三章でみたように、ニコラスのようなヒラリー支持者がオバマに対して不満を示しているのだ。まして、ヒラリー以外の女性を副大統領候補に指名した場合、その反動は大きいとみるのが妥当だろう。副大統領候補の受諾演説は、第三日目にあり、ヒラリーが第二日目に指名されたことにより、この時点でヒラリーの副大統領候補は消えた。と同時に、オバマは女性の候補を選択しないだろうという推測が濃厚になった。

さらに、ナンシーのように、ヒラリー支持者の中には、女性の副大統領候補を選択して欲しいというニーズがあった。一般に、ペイリンは、女性票を狙ったと言われているが、もう一歩進めて分析を行うと、ナンシーやキャンディのような「ヒラリー難民」の票と、共和党が従来獲得してきた保守的な女性票の両方を持っているからである。ペイリンは、「ヒラリー難民」を引き付ける女性であり、キャリアで成功しているという要素と、五人の子供の母親であるという家庭第一主義の要素を兼ね備えているからである。ペイリンは、両者の「最大公約数」だったのである。

第二の課題である共和党右派であるエバンジェリカルとの統一について分析してみよう。ペイリンには、共和党右派を引き付ける強力な要素がある。彼女は妊娠人工中絶に対し、断固反対の立場をとったが、それを身を持って示した。たとえば、彼女は、ダウン症の子供を産んだ。未婚で妊娠した一七歳の娘も、結婚をし、中絶をせずに子を生むことを表明した。

さらに、五人の子供の母親であり、共和党右派が重視する家族の価値観をアピールしている点も見逃せない。大会の最中に、ペイリンの娘がダウン症の弟の髪を、自分の手に唾をつけ直している姿が映った。この娘の自然な姿が、ペイリン家の家族重視のあり方を何よりも雄弁に有権者に伝えた。

これらに加え、ペイリンは、全米ライフル協会の永久会員であり、銃の規制には反対の立場をとっている。彼女は、父親から銃の使い方や狩猟の仕方を学び、ムースなどの狩を楽しむ。銃が生活の一部となっているのである。これも共和党右派にはペイリンを支持するプラスの要素になった。

マケイン陣営は、ペイリンのこれらの要素を活用し、エバンジェリカルとの統一を図った。共和党中道の中には、マケインがエバンジェリカルに負けたと言う者もいた。

エバンジェリカルのメンバーで、テキサス州ヒューストンから代議員として共和党全国大会に出席していたランディー・オアーは、滞在先のホテルで、次のように私に語ってくれた。

「ペイリンは、キリスト教の原理主義を持っています。これは私にとって、重要なことです。彼女の娘が、ダウン症の弟の髪を、自分の手に唾をつけて直していましたね。きっと、母親（ペイリン）が子供の髪の毛を、手に唾をつけて直しているのを見て、弟にやったのでしょう。私は、マケインがペイリンを選んだことにより、エバンジェリカルとの距離が近くなり、満足しています。エバンジェリカルがブッシュ（大統領）を選んだのです。マケインは、エバンジェリカルの人々のモチベーションを高めることが必要なのです。エバンジェリカルは、マケインがペイリンを選択したことで、興奮しています。リーバーマンは、人から好まれる性格ですが、妊娠人工中絶に賛成なので、私たちは不快なのです。ペイリンは、ゲーム・チェンジャー（選挙の流れを変える人）になるでしょう」

マケイン陣営は、第二の課題をほぼ達成することができた。同時に、第三の課題である情熱のレベルを高めることもできた。

次に、ペイリンの演説の内容を分析してみよう。

ペイリンの演説の中にも、女性票の獲得と情熱のレベルの向上を狙ったパンチライン（さわり）があった。ペイリンは自分を「ホッケーママ」として紹介した。子供のサッカーの応援に出かける母親は、「サッカーママ」と呼ばれる。アラスカ州では、アイスホッケーが主流なので、母親は子供のアイスホッケーの試合の応援に行く。彼女たちは「ホッケーママ」と呼ばれる。ペイリンは、闘犬とホッケーママの違いについて問いかけ、それは「口紅」だと答え、会場の聴衆を笑わせた。つまり、子供のホッケーの試合を応援する母親は、口紅をつけた闘犬のように攻撃的だというのだ。「ホッケーママ」は、母親の心を捉えた。

心理学的視点からみると、アイスホッケーやサッカー、野球、バスケットボールなど子供の試合の応援に行く母親は、自分のような人が演説をしていると思い込むのである。実際は、ムースを撃ったこともないし、銃の規制に賛成している母親は、「子供の応援」により、自分とペイリンが類似していると思い込み、心理的距離を縮めて考えるようになる。「ホッケーママ」は、そのような心理状態にする仕掛けだったのである。これは、「投影された類似性」と呼ばれ、それが機能するように設定されていたのである。

また、ワシーラの市長であったペイリンは演説の中で、「小さな街」について語っている。この小さな街は、彼女の演説の中で重要な役割を果たした。その役割とは、第一に変革はワシントンからではなく、小さな街からくるものであり、第二にペイリンがアウトサイダーであり、彼女こそが真の変革者であるというメッセージを有権者に送っていたのである。客観的にみれば、マケイン、オバマ、バイデンは、変革を求められているワシントンにいるインサイダーであり、小さな街の市長を務め、現在アラスカ州知事のペイリンが唯一アウトサイダーである。第三に小さな街の市長として、タフな意思決定をしてきたことを有権者に語っている。これも鍵になっている。民主党の支持者は大都市が中心であり、共和党の支持者は伝統的に小さな街である。ペイリンは、日々難しい意思決定を迫られる小さな自治体やコミュニティのリーダーに、感情移入を示したのである。そうすることにより、彼等との間に橋を架けたのである。

演説の中で、ペイリンは笑みを浮かべながら、オバマは自分のキャリア・アップのために変革を促進しようとしているとオバマを攻撃し、これに対しマケインは、自分のキャリアを変革のために使っていると述べ、マケインを賞賛した。オバマは「カントリー・ファースト（国が一番）」ではなく、「ミー・ファースト（自分が一番）」であるというメッセージと、マケインは本物の変革者であるというメッセージを効果的に有権者に伝達することができる能力とスキルがペイリンにはあった。ペイリンとはどのような人物なのか全米の有権者から注目が集まり、自陣からはミスを犯すのではないかと懸念され、敵陣からはミスを期待される中で、彼女は「大統領選挙とは、自己を発見する旅」ではないとオバマを皮肉ったのである。オバマの自伝の内容は、「自己の発見の旅」であるからである。さらに、小さな街の市長は、実際の責任をとる以外は、コミュニティ・オーガナイザーと似ているなどとユーモアを交えながらオバマを批判したのである。共和党支持者は、熱狂的な声援を送った。

ペイリンのコミュニケーションの特徴について一つ加えておこう。彼女の英語の発音には、明らかにゴアやケリーのようなエリートのイメージはない。例えば、「thinking」や「working」などの発音を「thinkin'」「workin'」というように発音するなど、演説においてもインフォーマルな語り方をする。この語り方は、白人の労働者層――ヒラリーの支持者――には親しみを与えるものだった。

このようにして、マケイン陣営はペイリンのバックグラウンド、家族、価値観、ユーモアを含めたコミュニケーションの能力とスキルを用いて、女性票の獲得、エバンジェリカルとの「統一」、情熱のレベルの向上を図っていったのである。

ペイリンの演説後、「最も印象に残っているペイリンのメッセージは何か」についてヒアリング調査を実施した。テキサス州コーパス・クリスティから代議員として出席していたマイク・バーグスマは、次のように私に語った。

「最も印象に残っているメッセージですか。小さな街、ホッケーママ、海底油田の採掘です。小さな街では、近所の人たちがお互いの世話をするのです。家族も助け合います。そういう価値観が小さな街にはあるのです。小さな市や街ではリーダーは、AかBかどちらかといったタフな意思決定をしなければなりません。私もそのような経験をしてきたので、ペイリンと同じような感情を持ちました。ホッケーママは、タフな女性です。ペイリンは、石油の採掘に関して、知識があり説得力がありました。彼女が反エリートであるという点も印象に残っています」

ペイリンは、演説の中で、オバマが消極的な態度をとっている海底油田の採掘について積極的な立場をとった。また、アメリカが海外の国々に依存ぜずに、エネルギーの自立ができるような政策の必要性も強調した。バーグスマが指摘しているように、確かにアラスカ州知事が石油やエネルギーの問題について語ると説得力があった。というのは、アラスカは石油資源が豊富に眠っている土地を抱えながら、その開発か自然保護かを巡って国全体で長年議論が交わされてきた。その的となって来た州だからである。

ミネソタ州の地方議員であったキャル・ラーソンは、以下のように答えた。

「ペイリンには、すばらしい行政経験があるということです。小さなコミュニティで重大な意思決定をしてきたのです。小さなコュニティでは、素早く意思決定をしなければならない場面もあったでしょう。人々はお互いを知っていて、世話をし合うのです。ペイリンは、信心深い人で、倫理的に強い家族を持っています。これは共和党の価値観と一致していま す」

党大会に参加していた若者にもヒアリングをしてみた。二〇代と思われる共和党支持者のケビン・デューンは、次のように答えてくれた。

「母親と家族です。妊娠をしている娘のボーイフレンドが舞台に上がったのには驚きました。とてもオープン（開放的）だと思いました」

全米公共ラジオの政治解説者マラ・ライアソンは、共和党初の女性の副大統領候補であるペイリンは「眠っていた母親という巨人」を目ざめさせたと評している。ライアソンは、保守派系のフォックス・ニュースに解説者の一人として、日曜日の政治番組にレギュラー出演している。

ヒアリングの中で、他の共和党の参加者たちからも「小さな街」の価値観、エネルギーの自立、「オバマの変革は自己の利益のため、マケインの変革は国にため」といった声を聞くことができた。ペイリンのメッセージは、確実に伝わった。

モージーもペイリンの演説によって、情熱のレベルが高まったようだった。

「ペイリンの演説は、すばらしかった。ボディーランゲージも不安で神経質な印象を与えていなかった。彼女は、楽観的だ。彼女は、共和党を活気づけた」

モージーによると、共和党全国大会が終了した翌週、コロラド州デンバーで、共和党中央委員会の会合があった。出席者は、皆ペイリンに熱狂していたと言う。

マケイン陣営の変革

マケインは、予定通りに最終日に大統領候補の受諾演説を行った。オバマの受諾演説には、八万四千人が集まった。一方、マケインの受諾演説は、二万人と言われているが、会場となったエックスの最上階の席には空席が目立った。

大統領選挙では、候補者は主として演説、ディベート、タウンミーティング（市民討論会）の三つを行い、有権者から支持を求める。タウンミーティングというのは、インフォーマルな形で、候補者が小人数の有権者からの質問に答える。集会とは異なり、アット・ホームな雰囲気があり、候補者を身近に感じることができる。三つのうち、マケインは演説が苦手で、タウンミーティングを得意とすると言われてきた。そこで、マケイン陣営は、党大会での大統領受諾演説に際して、彼の短所を小さく見せるために、舞台の設定を変えて見せた。マケインの演説の直前に、スタッフが舞台設定の確認をしていた。演台は、聴衆との間にバリアを作るので取り去り、マケインが演説を行う位置をせり出した場所の先端にして、聴衆に近づけたのである。つまり、マケイン陣営は、彼が得意とするタウンミーティングに近い環境を演出しようとしたのである。

マケインの大統領受諾の演説中に、抗議者による妨害が二回あったが、出席者からの「U

SA」「USA」「USA」という愛国心に訴える声に消された。
マケインの演説は、愛国心と人格が柱になっていた。

「選挙で負けても、戦争では負けられない。オバマは選挙で勝って、戦争に負けようとしている」

マケインは、「カントリー・ファースト（国が一番）」で、オバマは「ミー・ファースト（自分が一番）」だというメッセージを送った。マケインは、強い防衛力を訴え、日本の真珠湾攻撃、アルカイダの世界貿易センターの攻撃、ロシアのグルジア侵攻の例を取り出し、予測のできない危機的な事態に強いリーダーという印象を与えた。この部分は、マケインの演説の心髄であった。

さらに、演説の中で、選挙中にニューハンプシャー州で出会った母親との会話について語った。この母親は、マケインに「戦争で亡くした息子の死を無駄にしないで欲しい」と訴え、マケインに彼女の息子のブレスレットを渡した。マケインは、そのブレスレットを身に付けていた。

マケインの演説の最中に、「マベリック」と書かれた看板を上下に振るマケイン支持者たちがいた。マベリックとは、集団や党の政策に必ずしも同調しない独立した考えを持っている一匹狼を指す。マケインは、必要とあれば、党に反対し民主党と手を組んだ。一方、オバマは、党の政策には忠実に従ってきた。ワシントンに変革を起こすことができるのは、オバマではなく、マベリックのマケインであるというのだ。

「ワシントンに変革は来る」

マケインは、オバマのスローガンである変革のメッセージを有権者に訴えた。右で紹介したマケインとペイリンの演説には、共通した戦略を見ることができる。全米公共ラジオの編集者ロン・エルビングが、マケインの選挙参謀のリック・デイビスについてのエピソードを語った。そのエピソードとは、共和党全国大会中にデイビスが、今回の大統領選挙は、政策ではなくストーリーであると、オフレコではなくオンレコで語ったと言うのだ。エルビングは、その言葉に驚きを隠せなかったと言う。つまり、マケイン陣営は、選挙戦略としてストーリーテリング（物語を語る）の手法を用いたのである。確かに、マケインの演説には、戦争で息子を亡くしたニューハンプシャー州の母親のストーリーが、ペイリンのそれには「小さな街」の市長のストーリーが、効果的に組み込まれていた。マケインの強みは、北ベトナムでの捕虜生活のストーリーであり、マケイン陣営はそれを通じて彼の「愛国心」「経験」「ヒーロー」「リーダーシップ」を有権者に訴えてきた。党大会中も、スクリーンには、星条旗や九・一一同時多発テロの様子が映し出され、その映像は、出席者の愛国心に訴えるという所期の目標を十分に達していた。民主党全国大会では、オバマ支持者は、「イエス・ウイ・キャン」「ファイアード・アップ」「レディ・トゥー・ゴー」と合言葉を掛け合うのに対し、共和党全国大会では、マケイン支持者は「USA」「USA」「USA」と連呼し、「愛国心」を前面に出した。

党大会中にセントポールで開かれたあるシンポジウムで、ブッシュ大統領の元上級顧問のカール・ローヴは、「マケインは外交政策では信頼を得ており、オバマに対して大きなリードを保っている。マケインは、経済や医療保険などの他の政策を強調し、それらの政策でオバマとの支持率のギャップを縮めさえすればよい。必ずしも抜く必要はない」と外交・安全保障政策にこだわるマケイン陣営に政策の焦点のシフトを求めるという意味で、忠告ともとれる発言をした。しかし、マケイン陣営は、マケインの持つ外交・安全保障に関するストーリーを前面に出して行った。

それに対し、外交・安全保障問題のストーリーのないオバマは、上院外交委員会の委員長のバイデンを副大統領候補に指名し、現実的な対処法をとった。経済問題に関しては、中間層に対する減税を一貫して主張し、政策で勝負をした。オバマは、父親や母親、祖父や祖母に関しては、ストーリーテリングの手法を用いて語り、有権者を引き付けた。

ここにもマケイン陣営とオバマ陣営の選挙戦略の相違をみることができる。その一方で、共通の戦略が存在する。共和党全国大会で、マケイン陣営が「変革」を強調し始めたのである。大会中に開催された「ペイリンのリスクと報酬」という題のセッションでは、ケビン・マッカーシー下院議員（共和党・カリフォルニア州）や政治コンサルタントのマイク・マーフィーが、ペイリンの報酬は、「彼女は変革者である」ことであると述べた。また、キャンディス・ミラー下院議員（共和党・ミシガン州）は、「変革の代理人は、一人です。ペイリン知事です」とまで発言をした。前で述べたように、「小さな街」を巧みに演説の中に組み込み、ペイリンを変革者として登場させたのである。それに加えて、マケイン陣営は、マケインの人間性や行動を表現する「マベリック」という言葉を使い、オバマに対し「真の変革者マケイン」を売り込んだのである。因みに、ペイリンのリスクに関しては、パネラーから「どのような人物か分からない」「経験がない」という声が上がっていた。但し、「経験がない」に関しては、ペイリンはオバマよりも行政経験があるとマケイン支持者は議論するのである。

ペイリンの勢い

会場となったエックスの最上段の席から、俳優で予備選挙に出馬したトンプソン元上院議員の演説を聞いていると、大会のスタッフらしい女性が私に近づいてきて、「このクレデンシャルを使ってください」と言う。クレデンシャルとは、人物証明書の意味で、それに座席の番号が印刷されている。彼女が示したクレデンシャルには、「名誉あるゲスト」と書かれてあった。私は、「一般入場のクレデンシャル」を持っていることをこの女性に伝えたが、「名誉あるゲスト」の席に移動をして欲しいと言う。彼女は、何枚かの「名誉あるゲスト」のクレデンシャルを持っていた。

エレベーターを使って、最上階から一階にあるセクション一一二の五列目の四番の席に移った。アイダホ州の代議員の席のすぐ後ろの席だった。最上階からは、トンプソン元上院議員の姿が五センチぐらいにしか見えなかったが、先ほどまでは乏しかった臨場感が急に増した。

なぜ、私を選んだのか。

共和党支持者の友人が答えてくれた。

「カメラが映る位置に、マイノリティを集めて、共和党がアメリカ社会における多様性を反映しているように見せかけたの」

アメリカ社会において人種の多様性が急速に増す中、今回の共和党全国大会では、四〇年間でアフリカ系アメリカ人の代議員数が最も少なかった大会であった。大会に出席した二三八〇人の代議員の内、三六人がアフリカ系アメリカ人で、その割合は約一・五％である。二〇〇四年の大会では、六七人がアフリカ系アメリカ人であった。一方、民主党全国大会では、オバマが大統領受諾演説を行った球技場に参加した約二五％がアフリカ系アメリカ人だった。共和党がアフリカ系アメリカ人の参加者を減らした原因の一つは、ハリケーンカトリーナの対応だった。カトリーナの被災地であった南部諸州、殊に、激甚な被害を受けたルイジアナ州の南部は、圧倒的にアフリカ系アメリカ人の居住者が多かった。被害者たちの救済や支援の対応の遅れのために、共和党政権がアフリカ系アメリカ人に冷遇しているというイメージを与えた。さらに、アフリカ系アメリカ人のオバマが大統領候補になったことも、マイノリティの共和党離れを促進している。因みに、共和党全国大会に参加したヒスパニックの代議員は五％で、その数字は一九九六年以来の大会で最も低い数字であった。

右の友人によれば、息子夫婦にも代議員に近い席に移動して欲しいとの依頼があった。マイノリティに対する対策と同様、年齢における多様性をアピールするためであった。この友人は、ミネソタ州知事で副大統領候補に最後まで名前が挙がったポーレンティから、同州の州制施行の一五〇年（一八五八年—二〇〇八年）を祝うイベントの企画および資金集めをする実行委員会の委員長に任命されている。

「先住民は喜んでいないけれど」

彼女は、率直に語った。

共和党全国大会の前日（八月三一日）から最終日の九月四日まで、友人の自宅で連日、七〇名から二〇〇名の共和党支持者や関係者を集めたパーティーが開かれた。参加者の中には、ミネソタ公共ラジオや全米公共ラジオの政治解説者、大会に招かれている大使、ウィスコンシン州やインディアナ州の代議員などが参加した。ルイジアナ州の知事で、「共和党のオバマ」と呼ばれているインド系アメリカ人のボビー・ジンダルも出席する予定であったが、ハリケーングスタフのため、電話を通じて出席者に挨拶をしている。

副大統領受諾演説の翌日、彼女のペントハウスで、ウィスコンシン州のホール・ライアン下院議員が、ペイリンの演説を振り返り、「彼女はテストに合格しました。彼女は本当の変革者です。ハリウッドのスターではありません」とスピーチを行った。変革者を強調するとともに、オバマがハリウッドのスターのように、セレブだと暗に批判した。マケイン陣営は、オバマをセレブだと批判してきた。しかし、ペイリンが登場して以来、オバマに対するセレブ批判をストップしている。彗星のように登場したペイリンこそが、ハリウッドスターのようで、セレブだと逆に批判される可能性があるからだろう。

二〇〇七年六月二一日に、彼女のペントハウスでマケインを招いてパーティーが開かれた。このパーティーには、ポーレンティ知事も出席した。彼女によれば、マケインの妻シンディの父親がアメリカビール最大手のアンハイザー・ブッシュの販売権を持っていたため、全てのアルコールはバドワイザーなどの関連商品にするように、マケイン陣営から依頼があった。このパーティーで、彼女はマケインがユーモアに富んでいることを知った。彼女は、マケインの趣味が石の収集だと知り、彼に石をプレゼントした。九月の金融危機後、支持率においてオバマがマケインを安定してリードを保つようになると、彼女は電話で次のように私に語った。

「マケインは、私がやった石を失くしてしまったのかしら。それとも石が悪かったのかな。

返してもらったら、支持率が上がるかしら」

九月一〇日、マケインとペイリンは揃って、バージニア州フェアーファックスでの集会に参加した。警察の発表では、二万人になっているが、マスコミによると八千人になっている。共和党全国大会の会場が満員になっても二万人だとすると、私の観察ではこの集会に集まった参加者の数は、明らかにそれには達していない。

しかし、参加者は熱狂的であった。あの党大会で生まれたペイリンの勢いがこの集会にもあった。「ペイリンのパワー」「私たちは、サラを愛している」「バージニア州はサラを愛している」「本当の変革者」などと書かれた看板を持った支持者たちが「サラ」「サラ」「サラ」とペイリンの名前を叫ぶ。

「イエス・シー・キャン（そうだ。彼女にはできるんだ）」「イエス・シー・キャン」「イエス・シー・キャン」……

彼女とはもちろんサラ・ペイリンのことである。

「私たちの敵は、自分のキャリアを進めるために、変革を促進しようとしています」

マケインは「カントリー・ファースト（国が一番)」で、オバマは「ミー・ファースト（自分が一番)」という党大会と同じメッセージをペイリンは、支持者たちに送った。

「私たちは、マベリックのチームです」

党に必ずしも同調しない独立した考えを持っている個人から構成されたチームが、ワシントンを変革するというメッセージを伝達した。これも党大会と同じメッセージである。つまり、マケイン陣営は「カントリー・ファースト」「マベリック」「変革者」をスローガンに、後半戦の選挙戦を戦う戦略であった。

マケインが登場した。

「私は、『マベリックのチーム』という言葉が好きだ」

マケインは、すかさずペイリンの使ったマベリックのチームを褒めた。

「私たちは、この選挙に勝たなければならない」

これまで、イラク戦争に負けるぐらいなら、選挙に負けるほうが良いと語っていたマケインは、語気を強めた。マケインは、ペイリンの勢いに乗っているようだった。

「サラ」「サラ」「サラ」……

マケインの演説中にも関わらず、支持者たちからペイリンの掛け声がかかっていた。

「私は、特定の利益団体のために仕事をするのではない。あなたのためにするのだ」

自分を優先させ、国を二番目にしているワシントンにいる政治家を批判し、マケインはそのワシントンを変革すると述べた。また、マケインは、例のニューハンプシャー州の母親のストーリーを語り、現役および退役軍人に敬意を示し、愛国心に訴えた。

「USA」「USA」「USA」……

支持者たちが叫ぶ。

この集会に参加していたマケイン支持者にヒアリングをした。

バージニア州アレキサンドリア在住のモリーン・レグは、「ペイリンを支持するヒラリー支持者」と書かれた看板を持ってこの集会に参加していた。

「オバマと民主党は、一八〇〇万人のヒラリー支持者に敬意を持っていません。彼等は、副大統領候補にバイデンを選んだのです。ペイリンは、変革者です」

マケインの狙い通りである。レグは、マケイン支持のヒラリー支持者であり、ペイリンを変革者と認知していた。マケインとペイリンのメッセージは、実によく浸透していた。

「マケインにはベトナム戦争で戦った経験があります。彼はイラク問題を解決できると思います。ペイリンはアラスカ州の汚職と戦いました。オバマは、変革について明確に述べていません。それに対し、マケインは、エネルギー政策の変革についてはっきり語っています」（ステファン・ラウンズベリー）

「私は、母親であり、サッカーママです。ペイリンと保守的な価値観を共有しています。オバマは自分のキャリア・アップのために、変革を促進するのです。オバマには、変革をもたらすにしても、その経験がありません」（エンジェル・ボッゲンライター）

「オバマは、民主党の路線に従うでしょう。マケインは、政府と共和党をリードするでしょう。また、民主党とも協力をするでしょう。アメリカ国民は、女性の副大統領候補を望んでいたのです。マケインは、タイムリー（時宜）な選択をしました。オバマは古参の議員（バイデン）を選び、自ら問題を創ってしまったのです」（ロバート・マクラーレン）

「私は、毎日、神が国（アメリカ）のために、適切なリーダーを副大統領に選ぶように祈ってきました。ペイリンは適切な人物です。私は、妊娠人工中絶に反対です。マケインがリーバーマンを指名していたら、私は驚いたでしょう。オバマは、中絶に賛成です。中絶に賛成な人は、モラルがないのです。生命を支持しないということです。赤ちゃんは、母親を必要としています。養子は良いことです。私も養子をとりました。マケインが、ペイリンを選択してから熱狂度が一〇に上がりました」（シンシア・ライアン）

これらの有権者は、全て白人の男性と女性である。マケインの集会では、非白人の支持者を探さなければならないのだ。人種における多様性に欠けている点は、否めない。

右で紹介したマケインとペイリン支持者の声にコメントを付けてみよう。

マケイン陣営は、外交・安全保障問題に関するストーリーテリングを行ってきたが、この時点では、する必要がなかったのかもしれない。支持者にはすでに浸透しているからである。また、外交・安全保障問題では、支持率がこれ以上伸びない限界点に達していたのかもしれない。

「サッカーママ」という言葉が飛び出す点にも、ペイリンのメッセージの浸透度が現れていることが分かる。マケインが狙った保守的な価値観を持っている共和党支持者の心を確実に捉えている。養子について語っている支持者がいたが、マケインの妻シンディは、バングラデシュから養子として女の子を連れて帰っている。この支持者は、養子と妊娠人工中絶反対を支えるシステムとして、養子という方法を支持している。さらに、この支持者は、ペイリンの登場により、熱狂度が一〇になったと述べている。私の周りにもマケインのペイリン指名により、熱狂度のレベルが一気に高まった友人がいる。彼が私のパソコンにペイリンを描いた漫画をいくつか添付して送ってきた。

それらには、ペイリンがアイスホッケーのユニフォームを着ているものや、彼女が墓場から象を引き出しているものがあった。象は、共和党のシンボルである。墓石には、GOPと彫られている。GOPとは、「グランド・オールド・パーティ」の略で、一八八〇年以来の共和党の愛称である。ペイリンが共和党を生き返らせたと言いたいのだろう。ヒラリー陣営がオバマの外交能力を攻撃した例の「3am」のテレビ広告を使った漫画もあった。オバマが午前三時にヒラリーに電話を入れている。ベッドで寝ているヒラリーをオバマがたたき起こす。「バラクだ。ヒラリー、大変だ。危機だ」。

このような状態に直面し、オバマ陣営の選挙参謀のアクセルロッドは、メディアに登場し、本当の変革はオバマがもたらすと強調した。ペイリンの勢いをどのようにして止めるのか――オバマ陣営はこの一点に絞ることになった。

第五章★経済危機対オバマの人格と愛国心

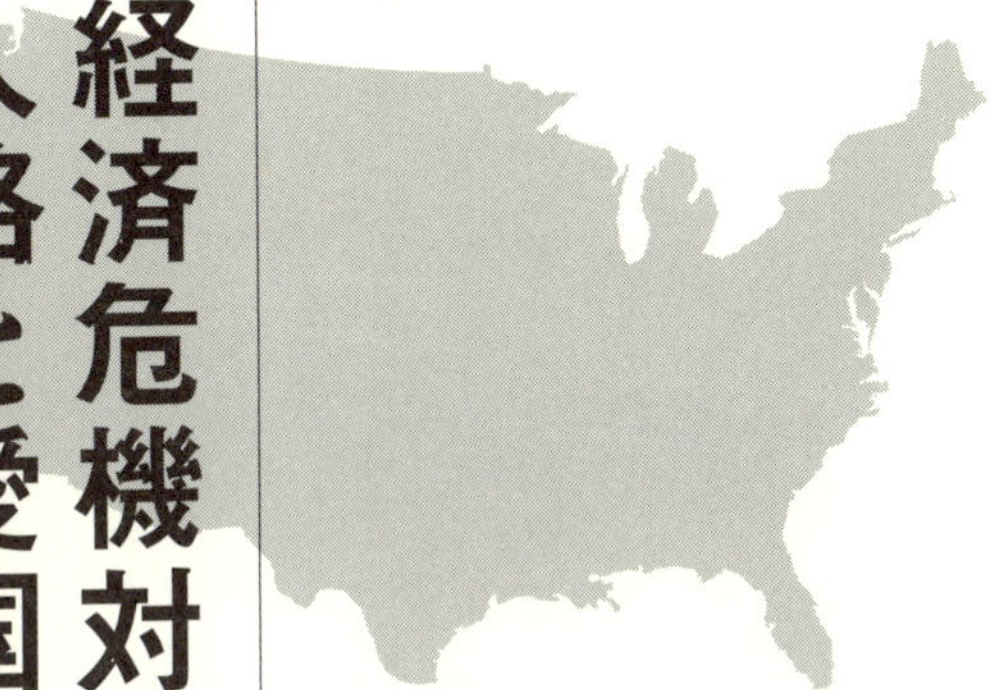

ファイアード・アップ（熱くなっているのか）
レディ・トゥー・ゴー（発射準備完了）

ペイリンの衰退

ペイリンの勢いにブリジットも苛立ちを隠せなかった。

「ペイリンを支持するなんて、世の中間違っているわよ」

マスコミが、オバマ本部がペイリンの登場でパニック状態に陥っていると報道したが、草の根運動員も同じような心理状態だった。

「オバマは困難な状態に陥っている。私は、オバマを助けるために来た」

ペイリンの登場で、危機感を持った新しいボランティアが、戸別訪問のホスト役を務める支持者の家に駆けつけてきた。ホストとなった支持者もペイリンの人気と彼女が共和党右派を活気づけたことに対し、脅威を感じていた。

「共和党支持者は、いずれにしてもマケインに投票するさ。我々は、若者と無党派層に集中するべきだ」

「ペイリンは危険な人物だ。レイプをされて子供ができた場面であっても、人工中絶に反対しているんだ」

支持者の家で、草の根部隊のメンバーが意見を出し合った。ペイリンがもたらした危機感は、逆にオバマ陣営の団結を強めた。

両党の全国大会が終わり、戸別訪問の後半戦が始まった。従来は、民主党全国大会は七月に、共和党全国大会は八月に開催されてきた。しかし、今年は北京オリンピックがあったためか、それぞれ一ヵ月ずらしての大会開催となった。そのため、一一月四日までの投票まで六一日と、最も短い後半戦となった。

九月一三日、私は、バージニア州北部のオークトンに入った。例の犬の攻撃にあった地域である。保守的なオークトンでの戸別訪問も今回で四回目になった。あるフィールド・コーディネーターが教えてくれたが、訪問員の近所は例外として、一回の戸別訪問で回答を得られるのは、二件から六件の間だと言う。私は、六件を目標に置いた。この日も、五九件のドアを叩き、六人から回答を得て、二人から拒否された。残りは、不在である。共和党全国大会の前には、マケイン支持の看板がなかった家の庭に、「マケイン－ペイリン」支持の看板が立っていた。マケインのペイリン指名により、自信をもってマケイン支持の意思表明ができるようになったのだろう。同月一五日は、マクリーンとフォールズ・チャーチで二九件の戸別訪問を実施し、六人から回答を得た。拒否は二人。同月一六日は再びマクリーンで戸別訪問を行い、一〇件のドアを叩き、一人から回答を得た。翌日も、マクリーンで戸別訪問を行い、三八件のドアを叩き、八人の有権者から回答を得たが、六人から拒否された。同月二〇日、オークトンに戻った。オークトンでの五回目の戸別訪問である。四四件のドアを叩き、一三人の有権者から回答を得た。拒否は四件。翌日の二一日、オークトンで六回目の戸別訪問を行った。保守層の有権者の動向を掴んでおきたかったからである。三八件のドアを叩き、九人の有権者から回答を得た。拒否は二件。同日、マクリーンにあるタイソンズ・コーナーに移動し、その周辺にあるコンドミニアムで戸別訪問を実施した。三四件のドアを叩き、六人の有権者から回答を得た。拒否は一件。ペイリンの影響の大きさについて、それらの有権者の声の一部を、マケイン支持者、オバマ支持者、決めかねている有権者に分けて紹介してみよう。

「私は、マケインよりもサラ（ペイリン）を支持しています。彼女は、私たちのようです。

仕事を持っている母親で、ウォルマートで買い物をするのです。大学もアイビー・リーグではなく、普通の大学に行きました。ペイリンは、会議中に、娘の宿題をみたり、彼女の髪の毛をとかしたりしているのです。彼女は、牛乳の値段を知っているでしょう。マケインやオバマ、ヒラリーは知らないでしょう。彼女は、ペイリン知事ではなく、サラと呼ばれているのです。サラは、アラスカ州の支出を抑えるために、運転手を解雇して、自分でミニバンを運転しているのです。プライベートのジェット機を売ったのです。まるで、家計の支出をチェックしている私たちのようです。サラは、ワシントンに行っても、予算を削ってくれるでしょう。彼女は、本当の変革者なのです。マケインやオバマ、ヒラリーは変革者ではありません。私は、妊娠人工中絶に賛成ですが、サラを支持します。私たちのようだからです」（キャサリン・レイン、五三歳）

マクリーン在住の台湾出身のこの女性は、ペイリンがアイダホ大学を卒業している点や庶民的な感覚がある点を挙げ、エスタブリッシュメントではないと強調していた。彼女のコメントには、「私たちのよう」という言葉が複数回現れた。ペイリンが、かなり身近な存在として映っているのである。ところが後になって、ペイリンは、副大統領候補に指名され、高級百貨店で高額の服を購入し、その行動が疑問視された。

「サラ・ペイリンを大統領にして、マケインを副大統領にしたいぐらいです。ワクワクしています。ペイリンには、知事として行政経験があります。レーガンは、大統領になる前は、カリフォルニア州の知事で、最高司令官として疑問があったのです。しかし、最高の大統領になりました。オバマは、コミュニティ・アクティビストでしたか」（白人男性）

オバマの選挙直前の職業は、連邦上院議員である。マクリーン在住のロコットと名のるこの男性は、コミュニティ・オーガナイザーの職業を鼻で笑っている様子で語っていた。

「私は、サラが好きなの。熱狂度のレベルは一〇（最高点）よ。私はサラと同じで五人の子供の母親なの。息子は、今、イラクに派遣されているわ。夫も軍人だったの。妊娠人工中絶には反対で、家族の価値観は重要。バイデンは、納税することは愛国心だと言ったけれど、もう充分税金を払っているわ。インターネットに、オバマはバイデンに変えて、ヒラリーを副大統領候補にするという噂があるけれど、あなたは聞いているかしら」（ドナ・アンドリュー、六〇代）

オークトンでのヒアリングである。戸別訪問をした時、この女性は孫たちの世話をしていた。バイデン交代の噂は、ペイリンの勢いを物語っていた。

「あなたは、私をオバマに投票するように説得できないわよ。サラには、何も問題がないのだから」（キャセリーン・アルベック、四五歳）

ペイリンは、アラスカ州の州警察官であった妹の前夫を解雇するように、監督官に圧力をかけたが、彼が拒否をしたため、解雇をしたという職権濫用の疑惑がもたれていた。また、ペイリンはアラスカ州に「ブリッジ・トゥー・ノーホェヤー」というニックネームの橋をかけるために、ワシントンにロビイストを雇い、議会から補助金を獲得した。しかし、その橋が問題視されると、橋の建設に反対の立場をとった。有権者がペイリンとはどのような人物かについて知ろうとしている中で、この有権者は彼女に絶対の信頼を置いていた。

マクリーンでのエピソードも紹介しておこう。

その家の主婦とおぼしき中年の女性が、庭に水をまいていた。オバマの草の根運動に参加していることを彼女に伝えるや否や、庭についている柵を開けてたばこを吸いながら、向ってくる白人の男性がいた。挑戦的な態度であった。私がかぶっているオバマの野球帽とTシャツが彼をこのような態度に導いたのだろう。柵の後ろでは、犬が私に向って吠えていた。

「オバマかマケインかどちらの候補に投票するのか、質問をしたいのですが」

「マケインだ」

乱暴な言い方だった。

「どうしてマケインを支持しているのですか」

「おれが聞きたいよ。どうしてオバマを支持するんだ」

私は、オバマの多様性について述べ始めると、話が終了していないのにも関わらず、この男性は次のように反論した。

「オバマには黒人以外に何がある。マケインの方が、多様性があるぞ。マケインは、スペイン語を話す。アリゾナ州は、メキシコと接しているんだ。オバマは、私立の高校へ行ったじゃないか。多様性を学ぶなら、公立の学校に行くべきだ」

攻撃的な言い方だった。

「オバマは何をしたんだ。言ってみろよ」

「何もしていないわよ」

水をまいていた女性が横から口を挟んだ。

私は、オバマがコミュニティ・オーガナイザーとして、シカゴのサウスサイドで住宅問題に取り組んだことを強調した。

「オバマの住宅のプロジェクトは失敗だ。誰も住んでいない。マケインは、過去にファニーメイとフレディマックが経営難になるのを予測して、救済法案を提出したが、民主党が潰したんだ」

「オバマには黒人以外に何がある」

「テレビはどの番組を観ているんだ。CNNかそれともMSNBCか。フォックス・ニュースを観たり、ラッシュ・リンボー（保守派のトークラジオ番組のホスト）を聞いてから、判断しろよ」

日本で研究をしていた頃、リンボーのトーク番組をラジオで聴いていた。ワシントンに移ってからは、日曜日の朝は、フォックス・ニュースから始める。共和党右派の考え方を理解するためである。この男性が主張しているサブプライムローンで経営困難に陥った政府系の住宅公社のファニーメイとフレディマックの救済法案に関して、オバマ支持者の中には、マケインは通過しないのを承知で、形式的に提出したと議論する者もいる。しかし、私は、この男性とはこれ以上議論をするのを止めた。というのは、第一に差別的な発言をしたこと、第二にマケインに投票すると決めている支持者を変えるのは困難であると痛感したこと、第三に身に危険を感じたからである。
以上は、マケイン支持者の声である。共和党全国大会の前後で、マケイン支持者の声のトーンや表情に明確な変化が出ているのを私は肌で感じていた。オバマに投票を決意している有権者に対し、ペイリンはどのような影響を与えているのだろうか。
「私は、オバマに投票します。ペイリンの影響はありません。民主党と共和党の両方の大会を見ました。バイデンは、マケインについて、彼は友人ではあるが意見は私とは異なると敬意を払いながら演説をしていました。しかし、共和党全国大会ではジュリアーニは、コミュニティ・オーガナイザーを攻撃し、オバマを軽蔑していました」（キャセリン・タネット、二七歳）
共和党全国大会では、ニューヨーク市の元市長で、予備選挙で本命視されていたジュリアーニが、演説の中で「履歴書」という言葉を用い、マケインとオバマのそれを比較してみせたのである。ジュリアーニは、マケインの履歴書には北ベトナムでの捕虜生活があり、「彼はアメリカの真のヒーローである」と述べた。その上で、最高司令官としての資格があると強調したのである。一方、オバマの履歴書にはコミュニティ・オーガナイザーとあるとし、ジュリアーニは、その職業を嘲ったような表情をした。タネットは、ジュリアーニ元市長のそのような態度に不快感を抱いた。タネットのみではない。実際のコミュニティ・オーガナイザーが、全米公共ラジオの番組でジュリアーニに対し抗議をしていた。

「変革が必要なので、オバマに投票をします。ペイリンですか。投票には影響ありません」（メリッサ・ブラット、二六歳）

「オバマに投票することに決めています。ペイリンの影響はないですね」（アダム・キャセーラ、二六歳）

「オバマに投票します。マケインが最高司令官の適性がないペイリンを選んだことは、アメリカ国民を軽視しています。マケイン陣営は、女性にアピールするためにペイリンを選んだのでしょう」（キャセリン・ショーーガードナー、六一歳）

「私は、オバマに投票することを決めています。ペイリンは好きではありません。公立の学校で神を教えようとしているのです。彼女は、銃の規制に反対です。ベットの下にＡＫ47

(自動小銃)を隠して寝たいとは思いません」(デイビッド・クラウス、六二歳)

「私は、マケインは好きですが、ペイリンが嫌いなのでオバマに投票します。ペイリンは、極端に右派なのです。神の人間創造を主張しているのです」(ジャミー・チェンバリン、三六歳)

これらのオバマに投票を決めている有権者の意見を見る限り、ペイリンの影響はないか、逆にマイナスに影響を及ぼしている。では、オバマかマケインに投票するか決めかねている有権者に対しては、ペイリンはどのような影響を与えたのだろうか。

「まだ、どちらの候補に投票するかは決めていませんが、ペイリンの影響はありません。私の関心は大統領候補ですから」(エリザベス・ハウス、二九歳)

「私は、妊娠人工中絶に賛成です。ペイリンに関しては、中絶反対である点を除いて賛成できます。銃の規制に関しても反対で、ペイリンの意見に賛成しています。どちらの候補に投票するかは決めていません」(ビル・バイデン、六一歳)

「私は、無党派です。無党派は賢いのです。オバマに傾いていますが、彼は妊娠人工中絶に賛成の議論をするのではなく、有権者の選択を尊敬するべきです。私のように、カトリックの信者で、中絶に反対する保守的な無党派もいるのですから」（ローズマリー・ラウアー、五九歳）

「私は、マケインに傾いています。ペイリンの影響はありません。正しいリーダーを選ぶことが重要なのです」（ジャネット・ギアンパパ、七四歳）

上のどちらの候補者に投票するのか決めかねている有権者たちをみる限りでは、ペイリンの影響はさほど大きいとは言えない。しかし、ペイリンの勢いは、数字にはっきりと表れた。党大会の終了後は、支持率が瞬間的に高まるものだが、九月四日に共和党大会が終了して以来「ペイリン効果」が続き、オバマ陣営はそれを止めることができなかった。ギャラップの調査によれば、マケインは女性の支持率を、共和党全国大会前の三九％（八月二五―三一日）から大会後の四三％（九月八―一四日）に伸ばしている。マケインの白人女性の支持率は、五一％に達した。オバマの強みは、女性票であったが、マケインはペイリン指名により、その領域を侵食してきた。また、マケインは、民主党保守派の支持率を一五％（八月二五―三一日）から二四％（九月八―一四日）に九ポイント伸ばし、民主党保守派を獲得し始めていた。さらに、マケインは、既婚者の支持率を五一％（八月二五―三一日）から五六％（九月八―一四日）に伸ばした。これは、ペイリンが、家族の価値観の重要性を訴えたことが影響したのだろう。同時期の既婚女性の支持率を比べてみると、四九％から五四％に伸ばした。マケインは、無党派層でも二八％（九月一―七日）から三八％（同月一五―二一日）に支持率を伸ばした。激戦州をみてみると、オバマとマケインは、四六％と四五％（九月一―七日）でほぼ同じになった。ギャラップの激戦州の定義は、二〇〇四年の大統領選挙で、ブッシュ大統領（共和党）とケリー候補（民主党）のいずれかが、相手候補に六％以上の差をつけて勝てなかった州になっている。コロラド州、フロリダ州、ニューメキシコ州、オハイオ州、ネバダ州など一二州を激戦州として挙げている。

全体の支持率においても、九月八日から一四日の間の平均でマケインが四七％、オバマが四五％で、マケインがオバマを抜いた。オバマに対する国民の関心はマケインよりも高いために、ビジネスになる。オバマ支持者は、メディアに頻繁に登場するオバマのニュースに慣れ親しみ、快適な心理状態でいたのである。ところが、共和党全国大会後、ペイリンを連日のように見るようになった。それは、オバマ支持者には、全く不快な出来事であった。それが、この章の冒頭で紹介したブリジットや草の根運動員の言葉によって表れていたのであった。オバマ陣営が、ペイリンの勢いを止める効果的な戦略を打てないでいる中、ヒラリーは副大統領候補のペイリンに焦点を当てるのではなく、民主党と共和党の相違を明確にし、政策に焦点を当てるべきであると主張した。実際に、ヒラリーのこの助言にオバマ本部が耳を傾けたかは明確ではないが、オバマは自分とペイリンとの距離を開けるようになった。たとえば、オバマは、ペイリンについて彼女は最高司令官としての資格があるかと思うかというマスコミからの質問に関しては、有権者が決めることだと回答した。「ハリケーンペイリン」の勢いが収まらない中で、オバマはこれまで通り、ブッシュ大統領とマケインは同じであり、変革が必須であると主張した。また、彼は中間層を対象にした減税など政策に焦点を当てて有権者に訴えていった。ペイリン効果は、いつまで続くのか。そう思いながら、オバマ草の根部隊は戸別訪問、有権者登録、電話での支持要請に力を注いでいった。

この間、マケイン陣営は、ペイリンが失言をし、その勢いが止まることに神経過敏になり、マスコミとのインタビューを拒否し、コントロールした。九月四日に共和党全国大会が終了し、その一週間後の同月一一日に初めて、ペイリンは、ABCニュースのインタビューに応じた。キャスターのチャールズ・ギブソンが、ブッシュ・ドクトリンについて質問をした時、ペイリンはその意味を理解していない表情を浮かべた。ギブソンがペイリンにブッシュ・ドクトリンについて説明を加える場面があった。ブッシュ・ドクトリンでは、テロリストやテロ支援国家がアメリカを攻撃する可能性がある場合、アメリカは国益を守るために先制攻撃をすることができる。このインタビューを見ていたモージーは、ギブソンの態度に怒りを感じながら、ペイリンを評価していた。

「ギブソンは、ペイリンを幼稚園児のように扱っていたが、彼女は質問を上手にマネジメントしていた」

CBSニュースとのインタビューの中で、キャスターのケイティ・コーリックが、ペイリンに外交政策の経験について質問をした時、彼女は、ロシアはアラスカ州の隣国であると答えたのである。この発言を機会に、NBCの人気番組の中で、女性のコメディアンのティナ・フェイがペイリンの物まねを行い、「私の家からロシアが見える」などと言い、ペイリンは笑の種になるとともに、有権者の間に彼女の外交政策の能力や最高司令官としての適正に疑問が湧いた。また、同番組の中で、「地球温暖化の原因は、神が地球を抱きしめているから」とペイリンの信仰を揶揄し、これもペイリンの信仰の強さに否定的なイメージを与えた。特に、この番組は若者層に人気のある番組であり、それはオバマの支持層である。アメリカン大学コミュニケーション学部のローレン・フェルドマンは、「政治広告のように、直接的に相手を攻撃するのに比べ、政治ジョークやコメディは、候補者の否定的な情報を有権者の意識に染み込ませる最大の機会である」と述べている。「ドリンキング・リベラリー」の会合においても、フェイのペイリンの物まねは、有権者にペイリンに対するマイナスのイメージを抱かせる効果があったという意見が出た。

マケイン陣営は、ペイリンの外交政策の能力や最高司令官としての適正問題を取り除くために、アフガニスタン大統領のカルザイや、コロンビア大統領のウリベ、元国務長官のキッシンジャーとの会談を設けた。しかし、会談の場面に、入れるのはカメラマンのみで、レポーターの入室は許されなかった。しかも、CNNがペイリンとカルザイ大統領との雑談に二九秒、許されたのみであった。ペイリンは、支持者との集会に参加し、笑顔で手を振り、握手をし、用意された原稿を読むのみであった。ペイリンを「隠匿する」マケイン陣営に対し、有権者は、ペイリンの外交政策や最高司令官としての適正がないからではないかと疑問を持つようになった。マケイン陣営は、ペイリンの勢いを保つために、マスコミとの接触をコントロールしたことが、有権者のペイリンに対する熱を冷ませ、彼女について冷静に熟考する機会を与えてしまった。

ペイリンにとって、CBSニュースとのインタビューは、三回目であった。一方、民主党の副大統領候補のバイデンは、受諾演説後、記者会見を四回、インタビューを八九回こなしていた。その結果、とうとう共和党保守派の政治解説者からもマケイン陣営に対し、「ペイリンを自由にさせろ」「ペイリンをペイリンらしくさせろ」といった反発の声が上がったのであった。ブッシュ大統領を選んだと言われている共和党右派のエバンジェリカルのマケインに対する情熱のレベルが低下していた。私のパソコンに、マケインは副大統領候補を入れ替えるという題のメールがオバマの支持者から入ったのも、ペイリン「隠匿」の最中であった。

ペイリンに対する好意の低下は、数字にはっきりと現われていた。ABCニュースとワシントン・ポスト紙の共同世論調査（九月一九―二二日）によれば、共和党全国大会終了後にペイリンに対し、好意的が五八％であったのが、五二％まで下がった。反対に非好意的に関しては、二八％から三八％へ十ポイント上昇した。鍵を握る無党派層の好意的は、六〇％から四八％へ一二ポイント減少した。中でも、女性の無党派層の好意的は、六五％から四三％へ二二ポイントも下がった。ペイリンの好意度の低下は、マケインに対する情熱に直ちにマイナスの影響を与えた。九月上旬に非常に情熱的であると回答した支持者は四六％であったが、同月中旬になると三四％まで一二ポイント落ち込んだ。また、九月一五日から二一日のギャラップの世論調査をみても、マケインは無党派の支持を伸ばしているものの、民主党保守派、既婚者、既婚女性、激戦州において、支持を落とし始めたことが分かる。ペイリン効果は、九月一四日までで、それをピークにして弱まっていったと見ることができる。結局、数字でみたペイリン効果は、副大統領受諾演説から数えると約一〇日間であったが、いつ効果が収まるのかと思いながら選挙活動をしていた草の根運動員にとっては長い長いトンネルであった。

同時期に、住宅公社ファニーメイとフレディマック、大手証券会社のリーマン・ブラザーズ、ＡＩＧ（アメリカン・インターナショナル・グループ）、ワコビア銀行などの破綻が相次いで発生し、世界恐慌以来の金融危機の津波がアメリカを襲った。世界経済に波及したこの金融危機により、オバマとマケインのどちらの候補がこの最大の危機に対処できるのかの一点に有権者の関心が当たることになった。ＡＢＣニュースとワシントン・ポスト紙の世論調査（九月一九―二二日）によれば、有権者の九一％が経済状態を否定的に捉えていた。また、有権者の五二％が経済の長期的衰退に、七五％が株価市場に、六〇％が家計にそれぞれ懸念を示した。これに対し、有権者の九％がイラク問題を、七％がテロリズムを重要な問題として挙げており、それらに対する関心は一気に薄れてしまった。また、誰を支持するかに関わらず、この経済問題をどちらの候補が上手く対処できるかという質問に対して、五三％がオバマを、三九％がマケインを挙げた。さらに、金融機関の問題解決に関しては、五一％

がオバマを、三八％がマケインを挙げている。ギャラップが実施した調査（九月一五―二一日）では、全体の有権者の支持率において、オバマが四九％、マケインが四四％で、再び逆転をした。

マケインのストーリー

金融危機は、オバマ陣営にとって有利に働くことになった。マケインの持つ外交・安全保障の問題に関するストーリー性は、金融危機を前にして、効果が薄れていった。マケインには、唯一の争点となった経済問題に対するストーリーが手元になかった。ペイリンは、マケインを補うことができる外交・安全保障に加え、経済問題に関するストーリーも備えていなかった。そこで、自らがストーリー性のある行動に出る必要があった。そのストーリーとは、マケインのイメージにあった「ヒーロー」と、オバマではなく自分がワシントンを変える「変革者」という双方のイメージを創出することができる行動であった。

オバマは、早速、救済をする金融機関の経営者に対する報酬制限などの条件をつけて、公的資金の投入に賛成を表明した。同時に、マケインが選挙戦で「経済は、基本的に強い」と発言したことや、政府の市場介入や規制に反対してきたことを取り上げ、マケインに対する攻撃をたたみかけた。オバマの九五%の中間層を対象にした減税策は、マケインの石油会社や製薬会社などを対象とした法人税の引き下げよりも、経済問題の下で、パワーを増した。また、オバマは、ポールソン財務長官とも連絡を密にとり、自ら情報の収集に努めた。

マケインは、以前、NBCの「ミート・ザ・プレス」という番組の中で、議会では軍事委員会に属し、人生の大半を軍事問題に費やしてきたので、自分は経済問題の専門家ではないと述べていた。金融危機に直面し、オバマ陣営に再び流れが傾いたころ、モージーは、次のように私に語った。

「マケインには、ロムニーから経済問題についてアドバイスが必要だ。ロムニーは経済問題に関して経験がある。経済危機を迎え、私は今でも、ロムニーが選ばれなかったことを後悔している」

予備選挙を戦い、副大統領候補に名前が挙がっていたロムニーの強みは、経済問題であった。

さらに、マケイン陣営にマイナスのニュースが報道された。選挙参謀のデイビスが以前ロビイストとして働いていた弁護士事務所が、住宅公社から報酬を受けていたというニュースであった。そのニュースは、マケイン陣営に追い撃ちをかけた。このように選挙状況が悪くなった中で、マケインはオバマ陣営に傾いた選挙戦の流れを再度、取り戻そうとし賭けに出た。

第一回目のオバマとのディベート（テレビ討論会）の二日前に、突然マケインは、テレビ広告と選挙資金集めを含めた選挙活動を一時停止し、金融救済法案の通過に目途がつかない限りオバマとのディベートには参加しないと発表した。ペイリンの人事に続き、二度目の「サプライズ（驚き）」であった。全米公共ラジオの政治解説者マラ・ライアソンの言葉を借りれば、マケインは、一旦ここで選挙戦の「リセット」（ゼロに戻すこと）を試みたのである。

一方、オバマは、金融危機に遭遇している今だからこそ、国民が候補者の意見を聞きたがっていると述べ、予定通りにディベートを実施することを主張した。今回のディベートは、大統領候補が三回、副大統領候補が一回であったが、マケインはその回数を多くしてディベートを行うことを望んでいたのであった。そのマケインが、ディベートの不参加と延期を提案したのであった。

マケインには、ハリケーングスタフに続き、金融危機においてもスローガンの「カントリー・ファースト（国が一番）」を行動で国民に示す機会であった。テロのみならず、経済における予測のできない危機にも対処できるリーダーであることを有権者に見せつけるチャンスであった。マケインが得意とする超党派による解決策を見つけ、経済問題においても「ヒーロー」となり、真の「変革者」となるストーリーを創る好機がワシントンにはあった。

マケインは、上院議員や下院議員に囲まれ、金融危機の解決に当たっている姿を、メディアを通じて有権者にみせたかった。記者会見で議員たちが自分の後ろにおり、自分がリーダー役を務めている姿を狙っていた。メディアの目をオバマから自分に向けさせ、彼を脇役にする絶好の機会でもあった。この勝機を逃さず、マケインはワシントンに向った。

マケインは、早速、同じ共和党の下院議員たちを説得しようとしたが、彼等からの抵抗に合った。公的資金の投入は、有権者に不人気であり、大統領選挙のある一一月四日に再選の選挙を控えた下院議員たちは、それを簡単に認めるわけにはいかなかった。ギリギリまで抵抗をしているところを、地元の有権者に見せなければならなかった。また、金融危機におけるリーダーシップも、上院のリード多数派院内総務（民主党・ネバダ州）、ペロシ下院議長（民主党・カリフォルニア州）および下院の金融サービス委員会フランク議長（民主党・マサチューセッツ州）、下院のボーナー少数派院内総務（共和党・オハイオ州）等にとられてしまった。

マケインの賭けは外れ、「ヒーロー」と「変革者」のストーリーを作ることはできなかった。それがマケインのストーリーだった。

マケイン陣営は、オバマは自分のキャリア・アップのために変革を促進し、マケインは自分の経験を使って変革を導くと有権者に訴えてきた。しかし、このマケインの行動は、全く逆の印象を与えてしまった。追い込まれたマケインは、金融危機を「政治的道具」として利用した。有権者の中には、彼の行動を目立つためだったとし、「政治的スタンド・プレー」として捉えた者も少なくなかった。マケインは、ディベートに参加することを決めた。

この出来事は、マケインとオバマのリーダーシップの相違を明確にした。マケインは、熱く大胆で、自分を火中の中におき、予測できない行動に出る。一方、オバマは、冷静であり、慎重で現実的である。そのようなイメージをもって、有権者は第一回目のディベートを見ることになった。

「ディベートの前に、ディベートはすでに始まっている」と言われる。これはどのような意味かというと、民主党と共和党の大統領候補を代表する双方のディベート担当のスタッフが、その形式、回数、テーマなどについて、相手のチームと交渉を行い、討論をするからである。形式とは、たとえば、司会者を一名にして、その司会者が候補者に質問をするのか、司会者のほかに政治解説者を置き二人が質問をするのか、回答の時間は何分にするのか、最終弁論はどちらが先に行うのか、タウンミーティングの形式にするのかなどが含まれる。司会者は、大抵、信頼や評価が高い政治解説者やキャスターが行う。政治解説者とキャスターが兼ねているケースが多い。今回の第一回目のディベートの司会を務めたPBSのジム・レーラーは、ディベートの冒頭の部分で、候補者に対する質問の内容を他の人とは共有をしていないと明言をしてから、質問を始めた。回数は、何回にするのか。先ほど述べたように、大統領候補のディベートが三回、副大統領候補のディベートが一回であった。テーマに関しては、第一回目は外交問題で、第二回目はいづれの候補に投票をするのか決めかねている有権者から自由に質問を受けるタウンミーティングの形式にし、第三回目は国内問題になった。ディベートの開始時間は、両候補にとって戦略的な問題になることがある。一九九二年の大統領選挙では、ブッシュ陣営は、ジョージ・H・W・ブッシュ大統領（当時）が早寝早起き型であるのにも関わらず、開始時間を遅く設定してしまい、それが夜型のアーカンソー州知事のクリントン候補（当時）に有利に働いた。

さらに、ディベートでの注意点について述べておこう。

ディベートでは、候補者は自分の非言語コミュニケーションに注意を払わなければならない。非言語コミュニケーションは、言語と同様にメッセージを伝達する。非言語コミュニケーションには、動作、表情、アイコンタクト（視線を合わせること）といったボディーランゲージ、空間の使い方、時間の概念、パラ言語、服装、臭いなどが含まれる。コミュニケーション論においては、ボディーランゲージは、非言語コミュニケーションの一部にすぎない。パラ言語とは副次言語とよばれ、声の高低、声のスピード、沈黙が含まれる。

一九九二年のブッシュ大統領、クリントン知事、テキサス州の富豪家ペローの三者によるディベートでは、非言語コミュニケーションが明暗を分けた。では、どのような非言語コミュニケーションが問題となったのか。

第一に、動作である。このディベートの最中に、ブッシュ大統領が、自分の時計を見たのであった。視聴者はこの動作を「彼は気持ちがディベートから離れてしまっている」と解釈した。

第二に、アイコンタクトと空間である。クリントン知事は、タウンミーティングで質問をした女性に対し、高めの椅子から降り、説明をしながら彼女に近づいて行った。アイコンタクトをしながら空間を使い、彼女との距離を縮めて行ったのである。それは、単に物理的な距離だけではなく、心理的な距離でもあった。一方、ブッシュ大統領は、椅子から降りたものの、その後ろに立って説明する場面があった。逆に、自分と参加者の間に、物理的および心理的壁を作ってしまった。

第三に、パラ言語である。一九九二年の大統領選挙では、クリントン陣営は変革と希望を掲げ、景気が後退している状況を「経済が狂っている」と表現し、有権者から支持を集めた。そこで、ブッシュ大統領は、イラク戦争でシャトル外交を行い、国連を通じてイラク攻撃の正当性とコンセンサスを勝ちとる上で鍵となる役割を果たしたベーカー国務長官（当時）を国内政策の担当に充てるという重要なメッセージを早口で語ってしまったのである。

私は、一九九〇年代初頭に、ジョージタウン大学にあるスピーチに関する公開講座を取った時、講師であった民主党系の政治コンサルタントが、一九六〇年のニクソン副大統領とケネディ上院議員との初めてのテレビディベートを取り上げた。彼女によれば、このディベートでは、両者の表情や服装といった非言語コミュニケーションが話題になった。膝の怪我の痛みのせいか渋面で、テレビ映りが悪い薄い色のスーツを着たニクソンは、非言語コミュニケーションにおいて、ケネディ上院議員に敗れたのである。

第一回目のディベートは、オバマとマケインの両者が、赤色のネクタイをして、ディベートの舞台に現れた。赤色と青色はアメリカの国旗の色であり、国民に好まれる色でもある。赤色は情熱を、青色は冷静を表す。冷静なオバマが赤色のネクタイを、熱い性格のマケインも赤色を選んだ。オバマが注意しなければならない点は、熱意が必要とされている場面で、冷静に構えてしまうことであった。一九八八年のディベートでは、民主党候補のマサチューセッツ州知事のデュカキス（当時）は、妻がレイプされたという仮説の質問に対し、冷静に論理的に回答してしまい「冷たい人間」というイメージを視聴者に与えてしまった。

一方、マケインが注意すべきところは、ぶっきらぼうな物の言い方や怒った表情をしないようにすることであった。ディベートにおいて、視聴者は、言語のみならず、非言語コミュニケーションに注意を払い、その中で議論を戦わすことにより生み出される創造的な解決策よりも、ドラマ――相手側の候補者が失敗するような劇的な出来事――に期待して観戦した。

第一回目のディベートのテーマは、オバマが苦手な外交問題であったが、九〇分の内、最初の四〇分間が金融危機の問題に割かれた。これは、オバマにとって有利に働いた。オバマは、八年間、マケインがブッシュ大統領の経済政策を支持してきたことを批判した。また、オバマは、マケイン陣営がマケインを「マベリック」であり変革者であると呼んでいるが、ブッシュ大統領の九〇%の政策に賛成している点を挙げ、これを否定した。第三章で説明したように、ブッシュ大統領とマケインを結合させることにより、「二人は同じである」というメッセージを送ってきた。マケインが「経済は、基本的に強い」と述べた例の発言についても言及した。オバマは、自分のペースで経済問題について議論ができた。

オバマは、マケインは国内と外交の双方におけるブッシュ政権の失敗に加担したとし、「彼は間違っている」と語気を強めた。イラクに焦点を当てたために、アフガニスタンでアルカイダの復活を許したこと、オサマ・ビン・ラディンが捕まっていないこと、他国に対するアメリカの信頼を失ったことなどを、ブッシュ政権の失敗例として挙げた。
それに対し、マケインはある言葉を繰り返した。それは、「理解できない」「理解していない」であった。九〇分のディベートの中で、マケインは、少なくとも七回もこれらの言葉を使用している。オバマは、外交問題を理解できない、次の大統領が直面する問題について理解していないなど、「理解できない」「理解していない」を繰り返し、視聴者にオバマが外交問題について「未経験者」であるというメッセージを送り続けた。その例として、マケインは、オバマが前提条件なしに、イランやキューバ、北朝鮮の指導者と会うと言っている点を挙げた。しかし、オバマには、予備選挙で二二回のディベートを戦った「経験」がった。オバマは、即座にニクソン元大統領の中国訪問やレーガン元大統領とゴルバチョフ元書記長との会談を取りあげて反論し、次のように述べた。

「敵はアメリカのメリットとなる道具となり得る」

この反論は、オバマのプラクティカル（実用的）な思考様式を明確に表すものだった。
マケインは、例の戦死した兵士のブレスレットについてのストーリーを持ち出した。すかさず、オバマも軍曹のブレスレットを身につけていると語った。明らかにオバマ陣営は、マケインがストーリーについて語ることを予測し、準備をしていた。

オバマは、マケインの主張に対し、「それは真実ではない」と九回述べ、「それは全く正しい」「マケイン上院議員は正しい」と相手を認める発言も四回語っている。たとえば、オバマは「ジョン（マケイン）は、大統領は発言に関して慎重でなければならないというが、それは全く正しい」と一旦は肯定しておきながら、その後でマケインの「北朝鮮消滅」や「イランへの爆弾」発言を取り上げ、視聴者にマケインの人間性について疑問を抱かせた。明らかに、オバマのディベート手法はマケインのそれよりも洗練されていた。

一方的に相手候補を攻撃するのではなく、ディベートの中で、マケインの発言を、真実か否かを冷静に判断し区別を行っている点は、視聴者に好意を生むとともに、賢明な印象を与えた。

さらに、非言語コミュニケーションに関する相違も明確になった。オバマはマケインとアイコンタクトをとろうとするが、マケインはオバマにとうとしなかった。このマケインの態度は、一部の視聴者に非好意的に受け止められた。

第一回目のディベートの翌日、オバマとバイデンはバージニア州フレデリックスバーグで集会を開いた。私もその集会に参加した。民主党全国大会が終了してから、正副の大統領候補が揃って集会に現われるのは、これが初めてであった。いかにバージニア州に力を入れているかが窺われる。集まった二万六千人のうち、一万二千人が会場に入ることができ、残りの一万四千人は会場の外でオバマの演説を聞くことになった。午後三時に開演し、オバマとバイデンの演説が始まるまで時折、激しく雨が降る中を参加者たちは立ちながら四時間待つことになった。警備の関係上、傘は武器として危険物としてみなされるため、持ち込みが禁止になっていた。しかし、私の周りにいる有権者や子供たちからは、誰一人として不満を述べる者はいなかった。彼等は、ワクワクしながら待っていた。前日、マケインとディベートを終えたばかりのオバマを一目見たいという強い願望を持って参加した支持者には、激しく降る雨や四時間立って待つことは、苦痛ではなかった。それほど情熱のレベルは、高かったのである。

この集会場で、前日のディベートについてヒアリングをしたので、その声を紹介してみよう。もちろん、ここに集まった有権者は、ほとんどがオバマ支持者であった。

「オバマは、もっと攻撃的であってもよかったと思います。ディベートの中で、『ブッシュ—マケイン』と何回も言うのだと予想していましたが、少なかったと思います。ディベートの最中、マケインはオバマの顔を見ようとはしていませんでした。彼は司会者のみに語っていました。オバマに対して、尊敬を示していないということです。マケインは、攻撃的でしたが、オバマは対立を避けていたという印象を受けました」（リンダ・ポルグ、オバマ支持者）

「マケインは、いらいらしているように私には見えました。オバマの顔を見ないで、議論をしていました。マケインは、オバマが外交政策について、理解していないと何回も述べていたのが印象的でした。オバマは、冷静でマケインの一部の意見にも同意していました。私はそれに好感を持ちました」（ブリタニー・ベネット、オバマ支持者）

「昨日のディベートを見て、安全保障問題に関して、オバマに自信を持ちました。また、経済危機に関しても、オバマはマケインよりも、対処できるという印象を持ちました。マケインは、オバマの顔を見ないで議論をしていました。彼はオバマを尊敬していなかったのです」（デニース・モイエ、オバマ支持者）

「私は、オバマは最高司令官に適任であると思います。彼は、一つの問題をすべての角度から見ることができるからです。バランスが良いのです。昨日のディベートではドラマがなく、それを期待していた有権者には、満足がいかなかったでしょう。彼等は、どちらかの候補がミスを犯す場面を見たかったのです」（バレリー・ショーツ、オバマ支持者）

「私は、オバマの支持者ではありません。マケインに投票をすることを決めています。この近所に住んでいるので、見に来ました。昨日のディベートは、互角であったと思います。私の印象に残っている点は、マケインの安全保障や外交政策に対する経験です。マケインは、それらについてオバマは『理解していない』と繰り返し述べていました。私は、オバマが最高司令官として適任であるとは思っていません」（ロナルド・パンコティ、マケイン支持者）

次の副大統領候補のディベートで登場するバイデンとペイリンについてもヒアリングを行った。右で紹介したモイエは、マケインが誤った理由でペイリンを選択したと批判した。その誤った理由とは、ヒラリー支持者の票の獲得のために、不適切な人を指名したとのことであった。ショーツは、バイデンのお膝元であるデラウェア州の出身であった。彼女は、バイデンを経験があり家族思いで誠実な人間であると高く評価した上で、オバマの未経験な部分を彼が補うだろうとコメントを加えた。また、ペイリンに関しては、投票は性別で決めるべきではなく、候補者の資質できめるべきであると主張した上で、彼女は適任ではないと結論づけていた。一方、マケイン支持者のパンコティは、マケインの選択に保守派は満足をしていることを挙げ、もし彼がリーバーマン上院議員（無所属・コネチカット州）を指名していたら、マケインには投票しないことを強調した。

演説の中でオバマは、前日のディベートを振り返り、次のように述べている。

「昨日のディベートでは、マケイン上院議員は私のことについては語っていましたが、皆さんのことについては語っていませんでした」

マケインはオバマが外交政策について「理解していない」「理解できない」と攻撃をしたが、中間層については述べていなかったというメッセージを送り、この層の有権者を引き付けた。

「ウォールストリートの救済策は、多額の退職金や数百万ドルの給料をもらう利己的なC

EO（最高経営責任者）に対する社会福祉のプログラムではありません」

中間層を引き付けるような言葉をオバマは重ねて言った。その上で、七千億ドルの公的資金を導入するに当たり、ウォールストリートのCEOの報酬に制限をつける必要があることをオバマは強調した。彼のウォールストリートの経営幹部に対する攻撃が始まった。経済危機の中で、本来ならば、医療保険、住宅ローン、ガソリン価格の高騰に日々悩んでいる低所得者および中間層を救済するべきであるという国民の声が上がっているからである。

オバマは、マケインは中間層には関心がなく、大企業に対し減税をすると述べ、二人の相違を明確にした。オバマは、九五％の中間層に対して、減税を行うというメッセージを集会に集まった有権者に送った。

激しく降り続ける雨のように、オバマはマケインに対する攻撃を止めなかった。

「マケインは、選挙スタッフにロビイストを雇っています」

選挙参謀のデイビス等のことである。マケインが、スタッフ会議だと言って、ロビイストたちを集めて会議をしていると揶揄した。

「マケイン上院議員は、『経済は、基本的に強い』と言っていました」

前日のディベートで、オバマはこう述べた。有権者は、何度この同じ言葉を耳にしたことだろう。金融危機に直面し、マケインの失言の引用は、効果があった。オバマの前に演説を行ったバイデンも、マケインのこの言葉を引用した。

ディベートの翌日に開かれたこの集会は、メリーワシントン大学で開かれ、多くの学生が参加していた。

「コミュニティ活動に参加し、アメリカに投資してくれるなら、私はあなたに投資します」

ブリジットやカイルらが引き付けられた例の授業料の一部の返金のことである。オバマは、中間層に加え、若者層にもメッセージを送ることを忘れなかった。

USAトゥデイとギャラップによる共同世論調査による第一回目のディベートの結果をみると、全体で四六％がオバマを、三四％がマケインを勝者に挙げており、一二ポイントの差がついている。もちろん、民主党員は七四%がオバマを、共和党員は七二%がマケインを勝者だったと語っている。注目の無党派層は、四三%がオバマを、三三%をマケインに軍配を上げており、二桁の差がある。

ヒアリング調査の中で、「マケインは、自分の安全保障と外交の経験を強調していましたが、オバマは、彼の安全保障と外交の経験は、経済問題を解決できないと主張するべきでした」とフィードバックをくれたオバマ支持者の有権者もいた。第一回目のディベートにおけるオバマのパフォーマンスに対する評価が高い中で、満足のいかない支持者がいたのも事実であった。ギャラップによる世論調査では、第一回目のディベートを見て、オバマに対し三〇%が「もっと好意的になった」、五四%が「変わらない」、一四%が「非好意的になった」と回答した。一方、マケインに対しては、二一%が「もっと好意的になった」、五六%が「変わらない」、二一%が「非好意的になった」と答えている。集会に集まった有権者の声にあったように、マケインのオバマに対しアイコンタクトをとらない態度や相手の全ての議論を容認しないコミュニケーション・スタイルは、好意的には受け止められていない。

ウォールストリートの危機に対する対処方法に関する同調査（九月二六―二七日）においても、四六%がオバマを肯定的、四三%が否定的、民主党に対しては、三九%が肯定的、五〇%が否定的となっている。それに対し、三七%がマケインを肯定的、五三%が否定的、共

	肯定的	否定的
オバマ	46%	43%
民主党	39%	50%
マケイン	37%	53%
共和党	31%	58%
ポールソン財務長官	28%	51%
ブッシュ大統領	25%	68%

出所　USAトゥデイ／ギャラップ（2008年9月26日-27日実施）

図表1　ウォールストリートの危機に対する対処方法

和党に対しては、三一％が肯定的、五八％が否定的となっている。因みに、ポールソン財務省長官に対しては、二八％が肯定的、五一％が否定的、ブッシュ大統領に至っては、二五％が肯定的、六八％が否定的という結果になっている（図表1）。

ウォールストリートの危機に対する対処方法に対し、国民の厳しい目が向けられている中でも、オバマが最も支持を得ており、それとは対照的にイラク問題のみならず、金融危機に対しても共和党政権のブッシュ大統領に対する否定的が最も高い。さらに、共和党に対する否定的が、民主党を上回っている。この数字が物語っていることは、ブッシュ政権が国民の最も関心の高い経済における危機的な状態に対応できなかったと認識されていることである。それは、マケイン陣営にとって、「危機的な状態」であった。マケインが大統領に選ばれたら、ブッシュ大統領と同じ方向へ国を導くだろうというイメージを、マケインは自らの失態により、強化をしてしまったのである。このような自分が作ってしまったマイナスに加え、マケインは、共和党政権や議会の共和党の金融危機に対する国民の否定的評価という負の遺産を背負って、投票まで四〇日を切った選挙戦を戦わなければならなくなった。

これとは対照的に、金融危機と第一回目のディベートを通じて、有権者は、オバマをマケインよりも「安全な選択」であり「性格もよさそうだ」というように認識するようになった。さらに、有権者は、「大統領としての任務を果たす経験がある」という肯定的な評価をオバマに持つようになった。オバマ陣営は、確実に課題を克服し、前進していった。

マケイン陣営がこのような状況に陥り、共和党保守派の政治解説者のブリット・ヒュームが、なぜマケインはオバマの政治資金の提供者で有罪となったトニー・レスコや、人種に関し過激な発言をするオバマのメンター（師）であったライト牧師をディベートで取り上げないのか、苛立ちを示した。しかし、マケインは、牧師を政治の争点にするのを避けてきた。ライト牧師を攻撃すれば、人種問題に波及する。マケインは、オバマとライト牧師との関係についての判断は、マスコミと有権者に任せていた。

「関連づけ」戦略

オバマが優勢に選挙戦を進める中、バイデンとペイリンによる副大統領候補のディベートが開かれた。アメリカの大統領選挙戦の歴史上、最も注目された副大統領戦の一つだった。一般に、副大統領の選挙戦における影響は少ないものの、このディベートの結果は、選挙戦の行方に影響するのではないかとまで言われた。何にしろ、口数が多く失言をするバイデンと、外交政策に関し、アラスカ州がロシアの隣国であるとインタビューに答えたペイリンである。有権者はこの二人なら今度こそ、ドラマを見ることができると期待した。ペイリンの物まねが人気を集めたこともあり、このディベートをエンターテイメントのような感覚で見る有権者もいた。

しかし、その期待は外れた。フォールズ・チャーチのオバマ事務所のスタッフの家で私は観戦していたが、オバマスタッフは「ディベートらしいディベートだった」「テンポがよかった」と双方を評価する発言をしていた。

バイデンは、ペイリンではなく、マケインに焦点を当てた戦略をとった。これは賢明であった。女性を攻撃すると女性票が離れていく。バイデンは「男の子は女の子を叩きのめしてはいけない」というタブーを守った。言いかえれば、「ジェンダーの地雷」を踏まないようにバイデンは注意を払ったのである。

早速、バイデンは――もう何回聞いたことか――マケインが以前、「経済は、基本的に強い」と発言したことを取り上げ、彼は経済状態を「理解していない」と痛烈に批判した。ブッシュ政権下で、最悪の経済状態にあることを強調し、「マケインとブッシュ大統領は、経済問題で同じだ」として、二人を結び付けた。バイデンは、マケインをコーナーに追い込んだ。

「マケインの政策がブッシュ（大統領）の政策とどのように違うのか、私はまだ何も耳にしていない。マケインのイランに対する政策がブッシュの政策とどのように相違するのか、私はまだ聞いたことがない。マケインのイスラエルに対する政策がどのように違うのか、私はまだ聞いたこともない。マケインのアフガニスタンに対する政策が、ブッシュの政策とどのように異なるのか、私はまだ聞いたこともない。マケインのパキスタンに対する政策が、ブッシュの政策とどのように違うのか、私はまだ聞いたことがない」

バイデンの連続パンチが、ペイリンではなく、マケインを襲った。一気にたたみかけた。マケインの得意とする外交政策をブッシュ大統領のそれとリンク（結合）させることにより、信頼性に疑問を抱かせ、「結局、外交政策でもマケインとブッシュは同じだ」というメッセージを有権者に送ったのである。これは、効果的だった。

ディベートの中で、バイデンは、日曜大工用品を販売している「ホーム・デポウ」という中間層や低所得者層を対象とした店で買い物をすることについて触れた。バイデンはそれらの層と「自分は同じだ」というメッセージを送ったのである。経済的な問題で日々の生活に追われる有権者に対して、彼は家計の問題が「理解できる」と語った。続けて、その例として、二九歳の時に妻と娘を交通事故で亡くし、母親のいない息子を育てなければならなかったことを語ろうとしたその瞬間、当時の状況が浮かんだのか、バイデンは言葉に詰まってしまった。通常、アメリカでは否定的な感情、つまり怒りや弱みを見せるのは、殊に、政治家の場合、タブーとされている。しかし、この時、視聴者は感情をコントロールできたバイデンではなく、人間としての暖かみのあるバイデンを見た。

一方、ペイリンは、ディベートの舞台でバイデンと握手をする際、彼に「ジョー（バイデンのファーストネーム）と呼んでもいいですか」と尋ねた。このペイリンらしい場面は、コメディの好材料となった。

ペイリンは、バイデンが「納税することは愛国心である」と発言したことを追及した。また、オバマとバイデンのイラク政策は、アメリカが降伏するような政策であると述べた。第一回目のディベートで、マケインがオバマとアイコンタクトをとらなかったことを批判されたためか、ペイリンはバイデンに視線を合わせようとしていた。また、ペイリンは司会者に語るのではなく、カメラを見て、時折、ウインクを混ぜながら有権者に直接、例の発音で、女性や労働者に訴えかけたのである。

「ペイリンは、ファイルを読んでいるよ。暗記しているみたいだ」

ディベートの最中に、オバマのあるスタッフが指摘した。確かに、下を向きそのような行動をしている場面があった。しかし、ペイリンに対する期待は低かったため、それ以上のパフォーマンスに対する驚きが、観戦をしていたオバマのスタッフにはあった。しかし、ペイリンの善戦も空しく、バイデンに軍配が上がった。マケイン陣営は、共和党全国大会で、ハリケーングスタフの発生により、一旦はマケインとブッシュ大統領とを切り離したが、今や二人は完全に一体化しているイメージが出来上がっていた。

さらに悪いことに、副大統領候補のディベート後、マケイン陣営がミシガン州から撤退するニュースが報道された。このことが、他の州のスタッフや支持者たちに与えた心理的ダメージは大きかった。マケイン陣営は、ミシガン州に七九〇万ドルの広告費をつぎ込んでいた。これは、オバマの七五〇万ドルを上回っていた。しかし、ミシガン州での支持率は、オバマが八ポイントから一〇ポイントのリードをしていた。その上、この金融危機に直面し、オバマに追い風が吹く中で、この差は縮まらないと判断したのだろう。マケイン陣営は、ミシガン州のスタッフを他の激戦州に再配置することにした。ワシントンを三〇年以上も観察してきたある共和党系のコンサルタントが次のように語ってくれた。

「私が、マケインの選挙参謀でしたら、情報を漏らしたスタッフを解雇します。ミシガン州からの撤退で、給料を支払ってもらえなかった地位の低いスタッフが漏らしたのかもしれませんが」

戸別訪問の中で、副大統領候補のディベートについて、有権者に尋ねてみた。

「副大統領候補のディベートを見まして、バイデンに確信を持ちました。外交政策で、オバマを助けてくれるでしょう」（ミゲル・ロドリゲス、二九歳）

「バイデンは、礼儀正しく議論をしていました。ペイリンは、司会者の質問に答えずに、エネルギー政策やマベリックについて語っていました。彼女は、暗記をしているようでした。台本を読んでいる場面もありました」（イサトゥ・コンテ、二八歳）

バイデンに対する確信とオバマの外交政策に対するサポートについて語る有権者は、他にもいた。また、「バイデンは、マケインとブッシュ大統領を効果的に結び付けていました」という声も聞くことができた。

バージニア州フォールズ・チャーチにある中華料理店「フォーチュン」で、アジア系アメリカ人のオバマ支持者たちが、第二回目のディベートを観戦した。このような会は「ディベート・ウォッチ」と呼ばれている。集まった約一〇〇名の支持者を前に、まず、オバマ上院議員の主席補佐官クリス・リー（中国系アメリカ人）が挨拶を述べた。オバマとリーは、ハーバード大学ロースクールでクラスメートであった仲である。リーは、後にオバマ政権に入り官房長官の職に就いている。リーは、彼の前任者のピート・ラウズもアジア系・アメリカ人であったと述べた。ラウズには日本人の血が流れており、後に彼もオバマの上級顧問としてホワイトハウス入りを果たしている。

リーは、オバマが多様性を重視していると語り、オバマ政権においてもそれを反映したスタッフの構成になるだろうと述べた。金融危機に直面してから、上昇気流に乗ったオバマ陣営の幹部であるリーには、明らかに自信が見えた。また、リーは「ディベート・ウォッチ」に参加している若者層に向って、オバマの教育政策の一つである例のコミュニティ・サービスに参加すれば、年間四〇〇〇ドルが返金されるという政策について述べた。さらに、否定的な選挙戦術について、オバマの考えを代弁した。

「バラクは、否定的な選挙を行うことを好んでいません。彼は、有権者は政策について聞きたいと思っています。しかし、二〇〇四年の選挙で共和党がケリー候補のベトナムでの功績に泥を塗ったような攻撃は、バラクは許しません」

選挙状況がかなり難しくなり、共和党陣営が中傷や誹謗を展開する戦術、いわゆる「ネガティブ・キャンペーン」を仕掛けてきた場合、オバマがそれに果たして耐えられることができるのかどうか、オバマ支持者の間には不安があったからである。

「バラクは、イリノイ州で数多くのタウンミーティングをこなしてきました。心配は要りません」

第二回目のディベートは、マケインが得意とするタウンミーティングの形式だった。

続いて、ベティが挨拶をした。

「アジア系アメリカ人と太平洋諸島出身者は、文化的に多様性があります」

ベティも多様性について触れた。

「いつかアジア系アメリカ人の大統領が生まれるでしょう。バラクは有色人種（カラード）の希望です」

このベティの発言は、刺激的であった。というのは、将来の展望について一瞬考えさせられたからである。もしオバマが勝っても、その政権が失敗したら、アメリカ国民は、アフリカ系アメリカ人はダメだとレッテルをはるかもしれない。その場合、二代続けてアフリカ系アメリカ人の大統領は、確実に生まれないだろう。そこで、国民は次に女性の大統領を選ぶのか、ヒスパニック系を選択するのか、あるいはインド系を出すのか。白人に戻るのかなど自分の中で議論をしているうちに、大統領候補の第二回目のディベートが始まった。

ギャラップがどちらの候補に投票をするのか決めかねている八〇名の有権者を選び、彼等が直接、オバマとマケインに質問をする形式であった。司会者は、NBCニュースのキャスター、トム・ブロウコウが務めた。このタウンミーティングの中で、元海軍の兵士から質問を受けたマケインは、その有権者に近づいて行き、彼との心理的距離を縮めながら質問に答え、最終的には彼の肩を軽く叩き、握手をした。暖かい雰囲気の中で、退役軍人の二人の気持ちが通じ合っている様子が映った。マケインにとって、最高の場面であった。「ディベート・ウォッチ」に参加していたアジア系アメリカ人のオバマ支持者からは、溜息が洩れた。この場面は、明らかにマケインにプラスに働いたからである。

オバマは、有権者からの質問に答える中で、これまで通り「マケインに支持されたブッシュ大統領の経済政策」と述べるなどして、マケインとブッシュ大統領を徹底してリンクさせていった。九五％の中間層に対する減税も忘れなかった。オバマは、マケインが代替エネルギーに反対票を二三回も投じてしていると語ると、「ディベート・ウォッチ」に参加していたアジア系アメリカ人のオバマ支持者から一斉に拍手が上がった。一方的に、オバマは原子力発電に反対していると攻撃を加えてきたマケインに対する反撃であった。

このタウンミーティング形式のディベートにおいても、オバマの洗練されたディベートのスキルが目についた。「彼（マケイン）は正しい」と一旦、マケインを肯定しておき、「しかし、彼があなたに語っていないことは、……」と切り返し、質問をした有権者に回答をした。このスキルは、候補者が質問者に語りかけるタウンタウンミーティングでは有効であった。

また、最終弁論において、オバマはアメリカン・ドリームを次の世代につなげていくことが重要だと主張した上で、アメリカン・ドリームは無くなってきていると指摘した。以前、オバマは、それに関連してアメリカのプロミス（約束）という言葉を使っている。「アメリカでは、一所懸命働いた人は報われる」という約束である。しかし、今のアメリカでは、一所懸命働いても報われなくなってきていると言うのである。アメリカン・ドリームの炎を消えさせないようにし、アメリカのプロミスを維持していくには、「変革」が必要であると、オバマは言うのである。オバマの「変革」の裏には、「アメリカン・ドリームとアメリカのプロミス」があった。有権者は、それに心が動かされているのである。最終弁論は、その意図を突いたものだった。

マケインは、このタウンミーティングで、彼のマイナスの人間性を示すような行動をとった。オバマ上院議員と呼ばずに、「あいつだ」と指を差したのである。私と同じテーブルに座っていたベティが、「なんて失礼な言い方かしら」と反応した。他のアジア系アメリカ人の支持者からは、「オバマに対し、無礼だ」などという声が上がった。このマケインの言語および非言語行動は、間違いなくマケインの印象を悪くしたことは否めない。

第二回目のディベート後、アジア系アメリカ人を対象に、戸別訪問を行った。私が訪問した地域の有権者は既にオバマに投票を決めていた。

「オバマに投票します。しかし、オバマはディベートの中で、雇用の創出についてもっと語るべきでした。ペイリンは、職権を濫用したと思います。また、ペイリンがオバマをテロリストだと言っているのは、マケイン陣営が焦っているからでしょう」（ロメシュ・プラバカー、七五歳、インド系アメリカ人）

「私は、民主党支持者でオバマに投票すると決めているので、ディベートは見ませんでした。アジア人、黒人、ヒスパニックなど全ての人が、機会を平等に持てるべきです。残念なことに、肌の色や名前で判断をする傾向があるのです。私の名前は、トアン・パムで、トム・スミスといった典型的なアメリカ人の名前とは違います。私の意見を聞く前に、名前と肌の色で判断をする人たちがいるのです」（トアン・パム、三三歳、ベトナム系アメリカ人）

第二回目のディベートの終了後に実施したCNNの世論調査をみると、五四％がオバマを、三〇%がマケインを勝者に挙げており、二〇ポイント以上の差がついている。また、ワシントン・ポスト紙とABCニュースの共同世論調査（一〇月八―一一日）では、三二%がオバマを「肯定的」に、五九%が「変わらない」、八%が「否定的」に捉えている。一方、一二%がマケインを「肯定的」に、六〇%が「変わらない」、二六%が「否定的」に受け止めている。また、選択のリスクに関しては、オバマは「非常にリスクの高い選択」と「ややリスクの高い選択」と加えると四五%であるのに対し、マケインはそれらを合わせると五〇%に上った。これまで、経験がないオバマが、リスクのある選択であると認識していた有権者に変化が見られた。

金融危機におけるマケインのギャンブルのような行動の失敗は、彼のリーダーシップに疑問を呈した。有権者は、予測のできない行動を突如とるマケインにリスクを見るようになった。

第二回目のディベートが終了した時点で、マケインは経済問題に関して、有権者を納得させることができる高さに掛っているハードルを越えることができなかった。オバマは、第一回目のディベートとタウンミーティングで、外交問題に関して、有権者に安心感と自信を与える高さに掛っているハードルを越えることに成功した。オバマは苦手な分野である外交で得点をし、それとは対照的にマケインは経済で依然として加点できない状態が続いていた。

共和党系政治コンサルタントのマイク・マーフィーは、マケイン陣営に対して戦略の変更の必要性を求めていた。経済問題でマケインと有権者とを結びつけ、信頼を勝ち取ることを強く要求していた。第四章で、共和党全国大会でブッシュ大統領の元上級顧問であるカール・ローヴがしたアドバイスを紹介したが、全く逆の展開になってしまったのである。

共和党陣営は、焦り始めた。元ロムニーの支持者で、コロラド州の代議員だったモージーは、次のように私に語った。

「どうしてマケインは、ディベートでオバマに親切なのか。もっとタフで意地悪くなる時だ。なぜマケインは、ライト牧師や国内テロリストとの関係を出さないのか。マケインは、性格に問題があると言われてきたので、ディベートではよく見られようと振舞っているのだろう。最後のディベート（第三回目）で、もしタフにならなかったら、選挙で負けるだろう」

モージーには、マケインの攻撃は不充分であった。フォックス・ニュースを見ているモージーは、同ニュースの編集主任のヒュームと同じ意見を持っていた。私が戸別訪問をした有権者の中には、オバマは大統領選挙で勝つために、ライト牧師の教会を辞めたと批難した共和党支持者がいた。この支持者は、「オバマのその行動から彼の性格が理解できる」と強調していた。牧師と信者は、特別な関係である。牧師は、信者のメンターなのである。確かに、この選挙で、通常、共和党が行ってきた相手候補の人格を攻撃する「ネガティブ・キャンペーン」を使うことができた。

モージーは、次のように語った。

「マケインは、オバマが共産主義者だと主張するべきだ。アメリカ国民は、共産主義者を必要としていない。フォックス・ニュースは、オバマの過去について述べている唯一のメディアだ」

続けて、モージーはロムニーの必要性を強調した。

「マケインは、ロムニーから経済問題についてアドバイスが必要だ。彼は経済に関して経験がある。金融危機を迎え、私は今でも、ロムニーが選ばれなかったことに後悔をしている」

ペイリンは、オバマがヒラリーを選択しなかったことを後悔しているのではないかとABCニュースのインタビューで語った。共和党員のモージーは、金融危機の津波が襲う中で、ロムニーが頭から離れなかった。

第二回目のディベートが行われた一〇月七日、オバマ陣営の選挙マネージャーのプラウフから支持者に、「マケインのシニア・アドバイザーが『もし我々が経済危機について語り続けるならば、選挙で敗れるだろう』とレポーターに語った」というメールが入った。プラウフは、マケイン陣営は、この選挙の中心は経済問題であるのにも関わらず、経済政策について語るのを諦めたと、メールの中で述べた。

このような状態に陥り、マケイン陣営は、「関連づけ」を通じて、本格的にオバマの人格攻撃を開始した。オバマが、「ウェザー・アンダーグラウンド」という過激派グループの創設者のウィリアム・エイアーズと関係があったと批判した。元国内テロリストのエイアーズとオバマを関連づけることにより、愛国心のない人間だと攻撃を行った。オバマ陣営の「ブッシュ―マケイン」に対抗して、「オバマ―エイアーズ」で対抗した。マケイン陣営は、最後の戦略として、いわゆる「ネガティブ・キャンペーン」に力を入れた。否定的な人物や危険な人物と相手の候補者を関連づけることにより、有権者に疑問を抱かせたり、恐怖心を煽ったり、心理的に混乱を起こす戦略をとった。しかし、オバマ陣営とマケイン陣営のとった「関連づけ」には相違があった。それについては、後で説明をしてみたい。

オバマ陣営は、マケイン陣営の攻撃に対し、オバマがエイアーズと面会したのは、彼が子供の頃であったと事実関係を述べ、ネガティブ・キャンペーンを行うのは国民が最も関心のある経済問題について解決策やアイデアがないからであると反論した。

マケイン陣営に呼応するかのように、共和党本部もオバマ陣営に攻撃を加えた。コミュニティ活動グループの「エイコーン」が、激戦州のオハイオ州を含めた二〇州以上の州で、オバマ陣営のために有権者登録を行い、一三〇万人の新しい有権者を登録することができたと発表した。しかし、共和党は、エイコーンが一人の有権者が偽名を使って、複数回登録をしていたと主張をした。エイコーンは、低所得者の地域で、有権者を登録させる運動を展開していた。共和党は、有権者にエイコーンの活動は違法な行為であると訴えるとともに、エイコーンとオバマのコミュニティ・オーガナイザーの職業のイメージを結びつけようとした。これも「関連づけ」である。共和党の攻撃に対し、民主党は、白人の有権者の恐怖心を煽ろうとしていると反論をした。オバマ陣営は、エイコーンとの直接的な関係を否定しながらも、予備選挙でオバマのために戸別訪問の仕事をしたことに対し、エイコーンと関連のある組織に支払いがあったとコメントをしている。しかし、エイコーンに違法な行為があったか否かは明らかではない。

マケイン陣営と共和党は、オバマの過去を掘り起こし、否定的なイメージを作ることができる「関連づけ」の材料を探した。しかし、エイアーズとエイコーンとの「関連づけ」が、投票に影響すると回答した有権者は、三分の一以下であった。すでにマケインに投票をすることを決めている支持者を引き付けたかもしれないが、全体的にみてインパクトは弱かった。何故だろうか。オバマ陣営とマケイン陣営の「関連づけ」の相違について説明をしてみよう。

オバマ陣営もブッシュ大統領とマケインを関連づけているのだが、大統領の人格は攻撃していない点が、マケイン陣営とは異なるのである。オバマが攻撃しているのは、彼の政策とその結果なのである。つまり、オバマは「人と問題を切り離し」ていた。攻撃してよいのは、あくまでも問題点や政策であり、人ではない。人を攻撃するのは、中傷や誹謗なのであり、ネガティブ・キャンペーンに属する。

さらに、「関連づけ」では、有権者にどちらの結びつきの強度が強いと認知されるかが問われる。たとえば、「ブッシュ―マケイン」と「オバマ―エイアーズ」では、前者の結びつきの強度の方が強い。金融危機に直面する中では、「ブッシュ―マケイン」は、オバマの資金提供者で有罪となったレスコとオバマとの関係よりも、強いだろう。オバマ陣営は、マケイン陣営に対抗して、マケインが政治生命の危機的状態に陥ったスキャンダル「キーティンテレビ広告を打った。

オバマがマケインとの本選挙の前半戦でつまずいた問題は、人種問題で煽動的な発言をするライト牧師との関係であった。フォックス・ニュースの政治解説者のヒュームやモージーが主張するように、「オバマ―ライト」の関連づけの強度は強い。しかし、マケインは牧師を争点に入れようとはしなかった。それは前で述べた通りである。また、メディアもオバマとライト牧師との関係をある程度まで問題視したが、止めている。何故か。

メディアも人種差別だとレッテルを貼られるのが、怖いからである。人種差別をするテレビ局だと、ボイコットをされるリスクがあるからである。また、大統領選挙の政治解説者たちにも、人種問題についてコメントを積極的にしないのは、視聴者に誤って解釈された場合、やはり人種差別者だとレッテルを貼られたり抗議をされ、この経済危機と景気後退の中で職やポジションを失う可能性があるからである。彼等にとって、自分のキャリアがストップしてしまうことは、回避しなければならない。つまり、唯一「ブッシュ―マケイン」に対抗できる「オバマ―ライト」のカードは、リスクが高すぎたのである。それは、アフリカ系アメリカ人のオバマには有利に働いた。

マケイン陣営は、争点のシフトを試みた。有権者の目を経済政策から、オバマの人格と愛国心にシフトさせようとしたのである。争点の対立軸を両陣営の「経済政策対経済政策」から、「経済政策対オバマの人格と愛国心」にシフトさせた。

しかし、経済危機の真っただ中で、有権者のニーズは、候補者が「財布を膨らませてくれるか」「お腹を一杯にしてくれるか」「家計の問題を解決してくれるか」にあった。生活に直結する問題に、ニーズが傾いていた。心理学者マズローの欲求五段階説の最も基本的で、人間の欲求の底辺にある食欲といった生理的欲求を満たしてくれる候補が、この状態の中で最も求められている候補であった。

ペンシルバニア州の知事で、オバマの支持者であるエドワード・レンデルは、「あなたが、川の真ん中で溺れていて、誰かが川岸でロープを持っていたとします。あなたは、彼が何の宗教を信じ、人種は何で、彼の家族の状況はどのようになっているのかは、気にかけませんよね。気にかけることは、彼が強い腕を持っているかです。オバマ上院議員は、強い腕を持っています」と述べている。経済危機の中で、溺れている緊急事態の有権者にとって、マケイン陣営が新たに攻撃を仕掛けた人格や愛国心に関する関心は、薄れた。「今、助けてくれる人」に投票をするのである。全米公共ラジオで、激戦州のある有権者が次のように述べた。

「父親から、決して黒人に投票をしてはいけないと言われてきましたが、経済状況を考えると、オバマに投票をしようと考えています」

一九九二年の大統領選挙では、経済状態が悪く、クリントン陣営は「経済が狂っている」と表現し、有権者に変革と希望のメッセージを送り、ブッシュ大統領との戦いで勝利を収めている。この選挙で、ブッシュ陣営は、クリントンアーカンソー州知事（当時）の争点に対して、状況により立場を変える彼の性格を攻撃した。また、クリントンが海外でベトナム反戦運動に参加したことに対し、愛国心がないと批判した。クリントン知事の不倫問題も、選挙戦で取り上げられた。しかし、クリントンに投票した有権者の中には、「不倫問題はプライベートな問題であり、私には関係ありません。経済の立て直しが一番です」と経済問題を重視し、雇用を創出してくれる候補に投票した者がいた。人格と愛国心の問題は、経済問題には勝てなかった。

ましてや、大恐慌以来の経済危機と言われる中の二〇〇八年の大統領選挙で、オバマの人格と愛国心を争点にして戦うのは困難な話である。一例を紹介しよう。

私が在外研究をしているアメリカン大学の職員（白人）が、娘とその子供を二人、空港に迎えに行くと言ってきた。子供を二人生んだが育てることができず、フロリダ州タンパからバージニア州ハーンドンに住む両親を頼りにして、娘が引っ越しをするとのことだった。娘は、経済的自立が困難な状況にあった。「自立」や「独立」、「個人」といった価値観を重視するアメリカ人も、この経済危機のインパクトの大きさに「依存」、「協力」、「救済」を求めざるを得なかった。私が知る限り、この職員の夫には障害があり、しかも退職をしており、彼女は夫を助けながら大学の仕事をしていた。娘と二人の孫が来るということで、ワクワクした表情を見せながらも、何か張りつめた雰囲気が私に伝わってきた。夫と娘と二人の孫とのこれから始まる生活に対し、不安や緊張感があったのだろう。彼女と夫、娘の三人はオバマに投票をした。白人の有権者たちである。

このような家族が存在している中で、人格と愛国心に争点を変えたのは、有権者のニーズを軽視ないし無視した戦略でもあった。マケイン陣営は、戦略に関して誤った判断をしたのである。

「ジョー」の登場

このような攻撃を加えてもオバマとの支持率の差が縮まらず、最後の第三回目のディベートを控えたマケイン陣営は、経済問題で有権者を引き付ける材料を探していた。マケイン陣営は迷走しているかのように、私には見えた。経済問題に関して、マケインにもペイリンにもストーリーがないマケイン陣営は、有権者の中にそれを見いだす選択肢しか残されていなかった。できれば、オバマ陣営が中間層を対象とした減税によって獲得しようとしている白人労働者の有権者で、ストーリー性があればベストであった。そのような人物が最終ディベートまで数日を残して見つかるのだろうか。

その人物は、中西部のオハイオ州にいた。彼の名前は、「ジョー」。正式名は、サミュエル・ジョセフ・ウォレルバッカー。三四歳。ジョーは、配管工の助手の仕事をしていた。最終ディベートを控え、オバマは、オハイオ州トレドの中間層が住む地域で選挙活動をしていた。オバマは九五％の中間層に対する減税を公約として掲げ、その層の獲得に乗り出していた。オバマ陣営には、この地域の中間層は、オバマの減税政策によりメリットを受けるという意味で、オバマが選挙運動をするのに、安全な地域という計算があった。そのような中間層と握手をしたり、コミュニケーションをとっているオバマの姿を、メディアに写真撮影をさせる機会を与えていた。ところが、その最中に、パプニングが起きた。

「私は、年間二五万ドルから二八万ドルぐらい儲かる会社を買おうと準備しているんだけれど、あなたの税金プランだと、増税することになるでんしょ」

白人の労働者風の男性がオバマに尋ねた。不意を突く質問だった。オバマの税金プランでは、二五万ドルが増税と減税の分岐点になっていた。将来、配管の会社を経営することを夢みているこの男がジョーであった。彼はオバマの税金プランでは、自分が増税の対象になることを懸念していた。メディアが二人の会話に集まり、撮影をした。

オバマは、現在のジョーの収入ではオバマの税金プランでメリットを得る点を述べて説得しようとするが、彼は懐疑的であった。オバマの口から「あなたは私には投票しないかもしれないが」という言葉が飛び出し、最終的に物別れに終わってしまった。

ジョーは、レポーターとのインタビューの中で、オバマは富の再配分をしようとしており、社会主義者のような考え方をしていたと述べた。また、政府は、自分が稼いだ金を他人と共有するように決めるべきではないと指摘した上で、これはアメリカン・ドリームに反すると主張したのである。

ジョーは、マケイン陣営が探し求めていたものを備えていた。ジョーには、配管の会社を経営したいという夢があった。それは白人労働者のジョーの描くアメリカン・ドリームであった。ジョーにとって、アメリカン・ドリームの復活を語るオバマは、白人労働者の夢を増税によって破壊する大統領候補となる。ジョーには、ストーリー性があった。ジョーが指摘した「富の再配分」と「社会主義者」は、オバマの税金プランを攻撃するのには、最適な言葉であった。さらに、オバマが語る一所懸命働いた人が報われるという「アメリカのプロミス（約束）」に、「富の再配分」と「社会主義者」は反していた。

ジョーは、マケイン陣営にとって、オバマの税金プランが小企業にとってはマイナスであることを表すシンボルとしての価値も高かった。ジョーは、平均的なアメリカ人でもあった。ジョーを通じて、これまで劣勢に立たされていた経済問題に関して、有権者とパイプができるというメリットもあった。マケインは、ジョーの言葉を借りて「オバマは、社会主義者だ」と人格を攻撃すると同時に、増税を行うと有権者に訴えることができた。マケインに薄日が差した。

最終ディベートで、マケインは、突然、「ジョー」とカメラに向って呼びかけ、彼のストーリーを語った。右で説明を加えてきたので、読者の方は容易に理解して頂けると思うが「ディベート・ウォッチ」に参加していたオバマ支持者のアジア系アメリカ人と私には、このマケインの発言は三度目の「サプライズ」であった。

ジョーを通じて、マケイン陣営からみて「社会主義者」のような思考様式をするオバマを攻撃した。これに対して、オバマは、実際にジョーと会ったのは自分だと主張した。オバマは、突然の出来事に冷静だった。彼は、「ジョー」とカメラに向って話しかけ、自分の税金プランについて説明をした。マケインとオバマは、合わせて九〇分間のディベートの中で二三回も「ジョー」と呼んだ。ジョーは、全米で最も有名な配管工になった。

　最終ディベートで、マケインは、自分はブッシュ大統領とは違うと明確に述べた。オバマとアイコンタクトをとり、オバマの回答に驚きやスマイルを浮かべるなど、彼の表情は豊であった。三回のディベートの中で、マケインの中では最もパフォーマンスが良かったと言われたが、CNNの調査では、オバマが五八％、マケインが三一％で、最終ディベートでもオバマに軍配が上がった。結局、全てのディベートでオバマが支持を上回った結果になった。

「富の再配分」や「社会主義者」は、オバマ陣営に対する攻撃であって、経済危機に遭遇している有権者のニーズとは合っていなかった。有権者に最も関心の高い経済問題に対する解決策ではなかった。すでにマケインに、投票を決めている層には、アピールするかもしれないが、経済問題に最も関心のある決めかねている有権者には、効果的なメッセージではなかった。

　アメリカではディベート直後に、ディベートの勝者がいずれかを尋ね発表する。マケインは、「本当の勝者は、配管工のジョーだ」と述べ、自らが敗者であるという印象を薄めようとした。マケイン陣営は、「勝者＝ジョー」のイメージが、選挙当日まで有権者に残っていることを願った。「富の再配分」と「社会主義者」が戦いのキーワードとなった。「オバマの税金プランは、富の再配分のためにお金を集めるのであって、社会主義である」「オバマは、富の再配分の最高司令官です」というメッセージをマケインは送った。一方、ペイリンは、オバマとエイアーズを結び付け、オバマには愛国心がないと攻撃した。

しかし、公的資金がウォールストリートの経営幹部に対する福祉的な救済として使用されてはならない等の条件付きで、その投入を支持すると同時に、中間層に対しては減税を一貫して訴えてきたオバマの勢いは増す一方だった。態度を明確にしていなかったパウエル元国務長官が、投票まで約二週間となった時点で、オバマ支持を表明した。パウエルは、二五年間の長い付き合いのあるマケインではなく、わずか二年間の付き合いのオバマを支持すると発表した。彼は、オバマは変革的な人物であり、ひときわ優れた大統領だと評した。その上で、オバマ支持の理由として、第一に、マケインは経済問題にどのように対処をするのか明確でない、第二に、副大統領の仕事というのは、大統領になる準備ができていることであるが、ペイリンにはその準備ができていない、第三に、マケイン陣営がオバマと過激派のエイアーズとの関係を追及して、主な争点にしようとしているのは、適切ではないなどを挙げた。

また、パウエルは、経済問題がナンバーワンの争点であると明確に述べたうえで、オバマが八歳の時に接触をしたエイアーズを取り上げているのは、テロリストのイメージを作り、国民に対して不安を煽ろうとしていると批判をした。さらに、オバマは、イスラム教徒ではなく、キリスト教徒であると説明し、「すべてのアメリカ人は、アフリカ系アメリカ人の大統領に誇りを持つべきである」と語った。

ラストスパート

投票まで三日に迫った一一月一日、フォールズ・チャーチの事務所に集まった草の根運動員を前に、ブリジットの「部下」であったエドが戸別訪問のやり方について駐車場で説明をしていた。エドは、マクリーンの事務所からフォールズ・チャーチに異動した。

戸別訪問の対象となる有権者は、二グループに分けられた。第一の有権者は、過去の投票行動から、民主党候補を支持しているが、確実に投票に出かけるか否かが明らかではない有権者であった。前と同じように、どの候補に投票するかすでに決めているかどうか、投票に行くかどうかの二点を引き出すようにエドから指示があった。不在の場合には、ドアの片面にオバマとバイデン、裏面にオバマとワーナーの顔写真と投票日が印刷されたパンフレットを、ドアの取手に掛ける。このパンフレットは、取手の部分にかかるように丸い穴が開いていた。これは、第一章で述べた通りである。

第二の有権者は、投票を三日前に控え、決めかねている有権者である。

「信じられないですね。まだ決めていない有権者がいるんですね」

予備選挙の段階で、すでにオバマに投票をすることに決めていたエドにしてみれば、このような気持ちになるのも止むを得ないだろう。

「四州で戸別訪問をやってきた私の経験から言いますと、決めかねている有権者には、最も重要な争点は何かを尋ねてください。その争点について、理解していれば、オバマの政策を説明してください」

「私たちは、政策の専門家ではありません。各争点に関するオバマの政策をまとめた用紙を入れてありますので、この用紙を有権者に渡すか、オバマの公式のホームページを見るように促してください。これも私の経験ですが、決めかねている有権者には、なぜ、オバマを支持するのか、自分のストーリーを語るとよいでしょう。私は、医療保険を持っていない友人の話をします」

投票の三日前に起きたエピソードを紹介しよう。事務所でアジア系アメリカ人の有権者の獲得の仕事をしているバオが、私が戸別訪問をしている姿を撮影させて欲しいと依頼してきた。そこで、ニューヨークから来たカメラマンと、バージニア州アナンデールの有権者を訪問することになった。

戸別訪問を開始する前に、注意を払うのが車の駐車場である。戸別訪問中に、駐車違反の切符を切られないように、また、牽引されてしまわないような場所を探さなければならない。

私が、道路脇に駐車をすると、民家から年配の女性が出てきた。

「私の地所なの。ここには車を駐車できないわよ」

もっともな意見である。

「私はオバマが嫌いなの」

突然、彼女が叫んだ。

道路を挟んで斜め向かいの家の庭に、「オバマ―バイデン」の看板が立ててあった。そこで、この家のドアを叩くと奥さんらしい人が出てきた。

「私も戸別訪問をしました。車庫の横に車を置いてください」

快諾である。

これまで、反オバマの有権者から非好意的な態度をされ、オバマ支持者から好意的な態度をされてきた私には、何の驚きでもなかった。マケイン支持者から好意的な態度をされたこともあった。しかし、このカメラマンには、新鮮な出来事であったようだった。それよりも、これから述べるこのカメラマンの行動に、私は愕然としてしまった。

決めかねている有権者の家のドアを叩いたが、留守のようだった。そこで、不在の欄に印しをつけ、帰ろうとした時、この家の主がタイミングよく帰宅した。

私は、この有権者に彼女はオバマの草の根運動を撮影しているカメラマンだと説明した。彼女は、離れた距離で、私とこの家の主人を撮影していた。私の服の中にはマイクが入っており、私が話している内容が彼女には聞こえていた。

この有権者は次のように語った。

「私は、オバマもマケインも支持していません。オバマが提案している義務的な医療皆保険は、私のような小企業の経営者には、マイナスです。これから、従業員の医療保険を支払わなければなりません。オバマもマケインも増税をするでしょう。私は、二人の候補者を信じていません。一一月四日までどちらの候補者に投票をするか決めません」

私は、自分の意見は述べずに傾聴に徹した。その後、確かに、小企業の経営者には負担になるのだと理解も示した。短い対話の中だったが、この有権者と心のパイプができつつあった。良い雰囲気だった。それは、一つ一つ信頼の石を積み上げていくようだった。しかし、その積み上げた石を、一気に破壊した第三者がいた。

突然、私の真横に、例のカメラマンが立っていた。このカメラマンは、オバマの支持者であった。機器を芝生の上に置き、対話に加わってきたのだ。彼女は、「しかし」という言葉を数回使い、この有権者の議論を前面的に否定し、説得にかかった。説得というよりも、激しいディベートをしているといった方が正確だった。二人は、正否を決めようとしていた。窓から奥さんと子供が心配そうにのぞいているのが分かった。

「ありがとうございました。あなたの意見を尊重します」

私は、こう言って時間を割いてくれたこの決めかねている有権者に感謝の意を示し、握手をして別れた。

次の有権者を訪れる前に、カメラマンに有権者と私の対話の間に加わらないで欲しいことをはっきり伝えた。

次の有権者宅に着くと、ヒスパニック系の男性が、車に乗って駐車場にいた。ターゲットの有権者だった。しかし、この男性は、英語が話せなかった。

「困った。どうしよう」

内心、そう思っていると、息子が家から出てきて通訳をして、父親と私の対話を助けてくれた。

「オバマに投票します。私にとって、今回が初めての投票です」

このヒスパニック系の男性は、市民権を得たのであった。彼は、四九歳だった。

「私にとって、一番重要な争点は、移民問題です。オバマは移民政策を変革すると言っているので、支持しています。当日、どうやって投票をするのか教えてください」

息子が通訳をしてくれた。

このような投票に不安な有権者のために、オバマ事務所は、コンピューターの画面にタッチングをして投票をする際、その画面と同じものを用紙にコピーをして、草の根運動員に持たせてあった。私は、その用紙を見せて、どこにタッチをするのかを説明をした。息子が全て通訳をしてくれた。

「自動車免許証を忘れずに」

後方から、カメラマンが叫んだ。確かに、その通りだった。

息子にお礼を言った。

「グラシアス（ありがとう）」

「デナダ（どういたしまして）」

父親と私の対話に貢献した息子は、誇らしげな顔をしていた。その親子を後にして、私とカメラマンは、次の有権者に向った。

投票日の前日、私は、フォールズ・チャーチでこれまで民主党に投票をしてきたが、毎回投票に行っていない有権者を、六三件訪問をし、例のパンフレットをドアの取手に掛けた。投票場と時間を記載したシールが貼られてあった。丁重に扱わないと、掛ける部分が破れやすかった。四年後の二〇一二年には、投票前のパンフレットにもチェンジ（変革）が必要だろう。

投票日の一一月四日、フェア・ファックスとマクリーンで、過去に民主党に投票しているが、毎回選挙場に足を運んでいない有権者を対象に戸別訪問を実施し、投票をしたかを確認した。不在の場合は、「本日投票日」「投票場所」が印刷されたパンフレットをドアの取手に掛けた。前日のパンフレットがそのままドアに掛っている家もあった。「本日投票日」のパンフレットに掛け替えた。五〇州で草の根運動員が、前日と合わせて二種類のパンフレット掛けを行っているのである。このパンフレット代だけでもいくらかかるのだろうか。そんなことを思いながら、掛けづらいパンフレット掛けを行っていた。

初めての投票ではないにも関わらず、投票に不安な有権者がいた。そのような有権者には、先ほどのヒスパニック系の男性の時と同様に、投票の画面と同じ画面をコピーした投票用紙を見せた。投票用紙は、郡によって候補者の順番が異なり統一されていない。フォールズ・チャーチでは、民主党バラク・オバマ（大統領）、ジョセフ・バイデン（副大統領）の選挙人、共和党ジョン・マケイン（大統領）、サラ・ペイリン（副大統領）の選挙人、続いて、独立グリーン・パーティ、自由党、グリーン・パーティ、独立党のそれぞれの大統領と副大統領の選挙人の順序になっているが、共和党が先にくる郡もある。一番下の欄には、書き込みができるようになっている。投票用紙に予め掲載されていない候補者に投票したければ、その欄にタイプしたり、記入できる。キャンデーのような熱狂的なヒラリー支持者は、ヒラリー・クリントンと記入する自由が残されているのである。アメリカの大統領選挙では、各州の選挙人に投票を行う。戸別訪問では、オバマとマケインを想定し「どちらの候補」と質問をしているが、他にも候補者はいる。しかし、戸別訪問中に、ネーダーなどの名前を挙げた有権者は一人もいなかった。

車がなく、投票所まで行けない有権者――もちろんオバマに投票する有権者――には、オバマ陣営は選挙スタッフが車で迎えに来た。選挙後に聞いた話だが、ワシントンＤＣのオバマの事務所の前には、タクシーの列ができ、車のない有権者を投票所まで、無料で乗せて行ったそうである。

当日、バージニア州にあるジョージメイソン大学のコンピューターにハッカーが侵入した。何者かが、学生のメールに投票日が一一月五日に変更になったという情報を流し、若者層に投票に行かせないようにした。

一一月四日、二三件を訪問し、私の戸別訪問は終了した。

午後一一時半、フォールズ・チャーチのオバマ事務所の側にあるレストランに着くと、すでにオバマとバージニア州の勝利が決まっていた。バオやベティ等の目にはまだ涙が残っていた。カイルは冷静で、オバマの幹部と電話をしているようだった。ブリジットは、レストランに姿を見せなかった。他のオバマの支持者や母親と勝利を祝っていたのだろう。マケインがアリゾナ州フェニックスで敗北の演説をしている最中に、レストランにいるオバマのスタッフや草の根運動の仲間から暖かい拍手が何度も起こった。続いて、シカゴでオバマが勝利宣言をした時、大型のテレビの前にいたフィリピン系アメリカ人のジョーが涙を抑えることができなく、顔に手をやりその場所から離れて行った姿を私は忘れない。また、私の前に立っていた若いスタッフが、オバマがスピーチの中で言う前に、先取りするように「これからもずっとすべての州が団結したアメリカ合衆国だ」と叫んだ。そこまで、オバマのメッセージは、若者層に浸透していたのである。「一つの国家」「一つの国民」は、人種間の対立や憎しみ、嫌悪によって分断されたアメリカ社会の中で生きている国民に投げかけた言葉であった。アメリカ国民は、それに反応したのであった。

まとめと展望

選挙が終わり、約一か月が経った。オバマの選挙マネジャーであったプラウフからオバマ草の根運動員にメールが入っていた。一二月一三日と一四日の二日間にわたり、ホスト役の支持者の家に集まり、これからどのような変革をもたらすことができるのか、一月二〇日の大統領就任式までにどのような草の根運動の展開が可能であるのかなどについて、意見の交換を行なおうという内容のメールであった。オバマの選挙参謀と言えば、アクセルロッド（後の大統領上級顧問）が有名だが、草の根運動員に連絡をとってくるのは、常にプラウフである。彼は、目立たない存在であるが、運動員にとっては馴染みのある人物である。

この二日間で、五〇州、約二千の都市にある約四千件のオバマ支持者の家で、「ハウス・パーティ」と称する集会が開かれた。私も、メリーランド州チェビー・チェイスにあるホスト役を務めたオバマ支持者宅で行われた「ハウス・パーティ」に参加した。ホストがファシリテーターの役割をし、自宅に集まった互いに知らない支持者を結び付け、オバマの選挙運動のDVDを見た。その後、教育や環境、エネルギーなど興味のある争点について意見を交換し、ディスカッションを行い、一月二〇日の大統領就任式までに、自分が何にコミット（関与）をするのかを述べた。パーティとはイメージが異なり、構造化されていた。私が参加したこの「ハウス・パーティ」には、ホスト役を含め一三人が参加した。その内訳は、白人六名、アフリカ系三名、アジア系、アラブ系、ヒスパニック系が各一名に日本人一名（筆者）であり、オバマの支持者らしく、多様性に富んでいた。二五人規模で「ハウス・パーティ」を行っている家もあった。

ワシントンDCの支持者の自宅で開かれた「ハウス・パーティ」では、草の根部隊がどのようにして政策の決定に影響力を及ぼしていく組織に変化できるのかについて議論がされている。支持者から、医薬品業界のロビイストや組合のようにロビイング活動が必要ではないかという意見も出た。オバマ草の根部隊に参加し、このような議論を通じて、支持者は自分も政治の過程に参加し、影響力を及ぼすことができるというパワー（力）を感じていた。

一般に、新政権とマスコミとの関係では、新政権誕生後の一〇〇日間は、ハネムーンと言われ、マスコミが新政権と良好な関係を築く。オバマの場合、上のように選挙後も、就任後も草の根の支援を自らのパワーの源泉の一つとしようとしているようで、それ故に、草の根運動員たちのグループと良好な関係を築く努力を図っている。草の根の方も、オバマ政権に傷をつけないように、要求の優先順位づけにおいて、調整努力が見られる。

ジョージワシントン大学では、「イエス・ウイ・キャン・ボランティア・サミット」が開催された。一七のテーブルに約一〇人の草の根運動の運動員が座り、関心の高い争点を出しあい、ディスカッションを行った。たとえば、ワシントンDCにおけるローカルな問題として、投票権、公立学校における教育問題、公共の交通機関の問題、ホームレス、住宅問題、エイズが、私のテーブルの運動員から挙がった。投票権とは、三章で説明した「ワシントンDCに民主主義を」のメンバーが獲得を目指しているものである。その上で、公立の教育問題に関しては、メンタリングのプログラムの導入などのアイデアが出された。全国的な問題としては、医療保険、経済・雇用、外交政策に関心が集まった。

このようなディスカションを行う場合、各テーブルにファシリテーターが一名ついた。彼等は、ファシリテーターとして、他の草の根運動員に紹介された。私のテーブルのファシリテーターは、下院議員のスタッフであった。ファシリテーターを除き、八人の運動員が参加した。白人、アフリカ系、アジア系と多様性のある構成になっていた。全体のファシリテーターは、プロのファシリテーターが行った。まず、彼がディスカションのルールについて説明をした。企業研修で行われるようなワークシートが一名一名の運動員に配布され、そのシートに記載された質問に沿って、ディスカッションが行われて行った。このように選挙後も、オバマは、草の根運動員の意見やアイデアをくみ上げる際に、ファシリテーターを活用した。

また、サミットでは、あらかじめ用意されていた草の根運動の組織を構造化するための委員会、政策を主張する委員会、コミュニティ・サービスを実施する委員会に分かれて、選挙後も変革を実現するために、草の根の運動を展開していくことに、一堂の賛意が示された。モチベーションの高め方として、前もって路線を敷いて置くが、参加者に承認させることによって、自分が参加して作ったと錯覚させる手法がある。このプロセスも類似していた。

早速、各委員会のミーティングの日時も告げられた。サミットの最後に、草の根運動員が、各自一月二〇日の大統領就任式までに、何をコミットするのかを述べた。「ホーム・パーティ」と同じやり方だった。大統領選挙中も、ブリジットや他のフィールド・コーディネーターが、九月一五日から一一月四日の投票日までの「二〇〇八年、勝利のコミットメント・カレンダー」に、戸別訪問や電話による支持要請の日程を記入するように、草の根運動員に促していた。

オバマ陣営は、一三〇〇万人の草の根運動員のメールアドレスを確保していると言われている。オバマの背景には、ホワイトハウスや民主党本部のスタッフに加え、一三〇〇万人の草の根部隊がいるのである。草の根部隊は、オバマの政策を支持し、実現していくための強力な支援部隊である。「ハウス・パーティ」に参加した草の根運動員の八六％が草の根運動を通じて、オバマ政権の法案を通過させるのを支援することに賛成している。また、その六八％が、草の根運動員とビジョンを共有する連邦議員や地方議員を選出することが重要であると考えている。

次の四年間、オバマにとって、草の根運動の炎を保ち、運動員たちを活気づけ、モチベーションを維持していくことが不可欠となる。草の根運動員の問題やニーズを、把握していくことも鍵を握る。というのは、オバマは、白人、アフリカ系、ヒスパニック系、アジア系といった様々な文化的背景を持った人々の支援によって、大統領の座を射止めたからである。オバマの強みは、草の根運動員が多文化融合であることにある。文化的に融合された草の根運動員が彼等の争点やニーズを巡って空中分解しない限り、オバマは多様な人々の支援を失う可能性は少ないだろう。

さらに、もう一点指摘しておこう。草の根運動員は、オバマ政権を成功させたいという願望が強い。そのために、オバマ政権の争点に対する立場に譲歩をする支援者が実際に現われている。それは、オバマに対するアドバンテージになってくるだろう。

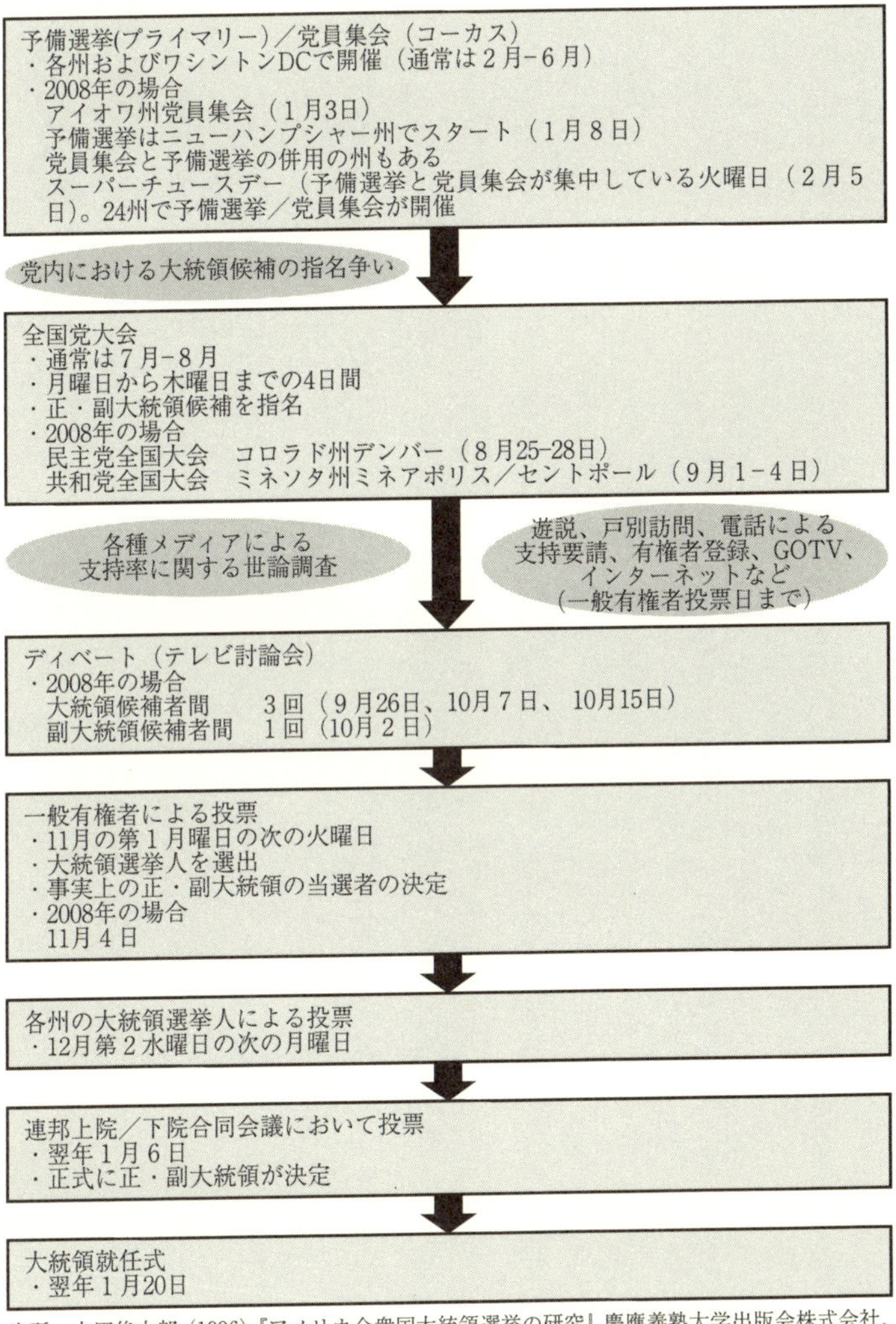
予備選挙(プライマリー)／党員集会（コーカス）
・各州およびワシントンDCで開催（通常は２月−６月）
・2008年の場合
アイオワ州党員集会（１月3日）
予備選挙はニューハンプシャー州でスタート（１月８日）
党員集会と予備選挙の併用の州もある
スーパーチューズデー（予備選挙と党員集会が集中している火曜日（２月５日)。24州で予備選挙／党員集会が開催
党内における大統領候補の指名争い
全国党大会
・通常は７月−８月
・月曜日から木曜日までの4日間
・正・副大統領候補を指名
・2008年の場合
民主党全国大会　コロラド州デンバー（８月25-28日）
共和党全国大会　ミネソタ州ミネアポリス／セントポール（９月１−４日）
各種メディアによる支持率に関する世論調査
遊説、戸別訪問、電話による支持要請、有権者登録、GOTV、インターネットなど(一般有権者投票日まで)
ディベート（テレビ討論会）
・2008年の場合
大統領候補者間　３回（９月26日、10月７日、10月15日）
副大統領候補者間　１回（10月２日）
一般有権者による投票
・11月の第１月曜日の次の火曜日
・大統領選挙人を選出
・事実上の正・副大統領の当選者の決定
・2008年の場合
11月４日
各州の大統領選挙人による投票
・12月第２水曜日の次の月曜日
連邦上院／下院合同会議において投票
・翌年１月６日
・正式に正・副大統領が決定
大統領就任式
・翌年１月20日

出所　太田俊太郎（1996）『アメリカ合衆国大統領選挙の研究』慶應義塾大学出版会株式会社、花井等（1989）『アメリカの大統領政治』日本放送出版協会を参考に作成

図表　アメリカ大統領選挙の仕組み

参考文献

和文献

・池田謙一（編集）高木修（二〇〇一）『政治行動の社会心理学』北大路書房
・太田俊太郎（一九九六）『アメリカ合衆国大統領選挙の研究』慶應義塾大学出版会株式会社
・花井等（一九八九）『アメリカの大統領政治』日本放送出版協会
・バラク・オバマ（二〇〇七）白倉三紀子／木内裕也訳『マイ・ドリーム―バラク・オバマ自伝』ダイヤモンド社
・ヘザー・レアー・ワグナー（二〇〇八）宮崎朔訳『バラク・オバマの軌跡』サンガ

欧文献

・Adler, N. J.(1997). *International dimensions of organizational behavior*. Stamford, CT: Cengage Learning.
・Alinsky, S. D.(1971). *Rules for radicals: A pragmatic primer for realistic radicals*. New York: Vintage Books.

・Bennett, J. M. Cultural marginality: Identity issues in intercultural training. Portland, OR: Intercultural Communication Institute.

・Bennett, M. J.(1986). Approach to training for intercultural sensitivity. *International Journal of Intercultural Relations*, 10, 179-196.

・Dickinson, T.(2008). The machinery of hope: Inside the grass-roots field operation of Barack Obama. In R. Flippin(Ed.). *Best American political writing 2008*(pp.66-75). New York: PublicAffairs.

・Green, D. P., & Gerber, A. S.(2004). *Get out the vote!: How to increase voter turnout.* Washington, D.C.: Brookings Institute.

・Janis, I.(1982). *Groupthink: Psychological studies of policy decisions and fiascos.* Stamford, CT: Cengage Learning.

・Lizza, R. Making it: How Barack Obama learned to be a pol. *The New Yorker*, July 21, 2008, 48-65.

・Saltzman, C. E. One hundred and fifty-percent persons: Models for orientating international students. *Cross-cultural orientation: New conceptualizations and applications*(pp. 247-268). In R. M. Paige(Ed.). Lanham, MD: University Press of America.

〈筆者紹介〉
海野素央（うんの　もとお）

明治大学政治経済学部教授。心理学博士。現在、アメリカン大学（ワシントンDC）国際貢献学部（SIS）／異文化マネジメント研究所（IMI）客員研究員。2008年アメリカ大統領選挙において、激選州のひとつであったバージニア州でオバマ草の根運動に参加。専門は、異文化間コミュニケーション論、異文化ビジネス論、産業・組織心理学。著書に、『アジア地域と日系企業―インド・中国進出を考える企業への提言』（同友館，2008）、『組織文化のイノベーション―組織DNA浸透のための15の戦略』（同文館，2006年）、『合併企業のモチベーション管理―組織文化の繭をどう打破するか』（中央経済社，2005年）、『異文化コラボレーターの仕事―合併はなぜうまくいかないのか』（中央経済社，2004年）、『異文化ビジネスハンドブック―事例と対処法』（学文社，2002年）、『合併企業と「異文化」―企業文化の衝突』（共著，学文社，2002年）、『ネットワーク社会の経営学』（共著，白桃書房，2002年）、『日本人の社会心理学』（共著，人間の科学社，1998年）がある。

2009年３月１日　初版第１刷発行

日本人だけが知らないアメリカがオバマを選んだ本当の理由
―オバマ草の根運動―

発行者　脇　坂　康　弘

発行所　株式会社　同友館
〒113-0033　東京都文京区本郷6-16-2
TEL.03(3813)3966
FAX.03(3818)2774
http://www.doyukan.co.jp/

落丁・乱丁本はお取り替えいたします。　キャップス／東京美術紙工
ISBN978-4-496-04513-4　Printed in Japan